박물관에서
일하고 싶어요?

최석영 崔錫榮 Choe, Seok-yeong(E-mail: csy116@hanmail.net)
국립공주사범대학교 역사교육과 졸업, 한국학중앙연구원 대학원 한국사 전공 석사수료, 일본 쥬부(中部)대학 대학원 지역연구 전공 석사, 일본 히로시마(廣島)대학 대학원 국제사회론 전공 학술박사, 국립민속박물관 학예연구사(1999.11~2006.6), 단국대학교 동양학연구소 연구 조교수(2009.3~2010.5), 국립극장 공연예술박물관 관장(학예연구관, 2010.6~2022.6)
현, 공주대학교·동 대학원 강사, 경희대(국제 후마니타스칼리지) 강사

저서

『일제의 동화이데올로기의 창출』(서경문화사, 1997), 『일제의 조선연구와 식민지적 지식생산』(민속원, 2012, 우수도서), 『일제 하 무속론과 식민지권력』(서경문화사, 1999), 『한국 박물관 역사 100년 : 진단&대안』(민속원, 2008), 『交涉する東アジア』(공저, 風響社, 2010), 『영문법원리의 비밀 캐기』(문화세상.com, 2013), 『인류에게 왜 박물관이 필요했을까』(공저 / 민속원, 2013, 우수도서), 『일제의 조선「식민지고고학」과 식민지 이후』(서강대출판부, 2015), 『博物館という裝置』(공저, 勉誠出版, 2016), 『일제 강점기 안면도와 야소상점』(3인 공저, 태안문화원, 2020), 『이미지로 읽는 근대 서울 1』(6인 공저, 서울역사편찬원, 2022)

읽고 씀

『일본고고학사와 식민지고고학을 만나다』(서경문화사, 2018), 『한국박물관 역사와 전망』(민속원, 2012), 『하인G. E. Hein의 구성주의 박물관교육론』(민속원, 2012), 『박물관의 전시해설가와 도슨트, 그들은 누구인가』(민속원, 2012), 『핸즈 온 전시』(민속원, 2012), 『비교문화적 관점에서 박물관보기』(민속원, 2013), 『박물관에서 역사수업하기』(민속원, 2013), 『식민지박물관 벗어나기』(민속원, 2014), 『박물관에게 돈을 벌라고 하네』(민속원, 2023)

역서

『사회인류학의 과거현재와 미래』(에반스 프리차드 저 / 편역, 서경문화사, 1994), 『인류학자와 일본의 식민지 통치』(도리이 류조 저 / 서경문화사, 2007, 우수도서), 『일본 근대 국립박물관 탄생의 드라마』(세키 히데오 저 / 민속원, 2008), 『제국의 시선 : 박람회와 이문화 표상』(마츠다 쿄코 / 권혁희 공역, 민속원, 2014), 『'일본미술'의 탄생』(사토 도신 저 / 민속원, 2018), 『일본 근대미술사 노트』(기타자와 노리아키 저 / 소명출판, 2020), 『식민지건축』(니시자와 야스히코 저 / 마티, 2022)

박물관에서
일하고 싶어요?

So You Want to Work In a Museum?

최석영 읽고 씀

민 속 원

시작하기 _ 6

예술에서 동물원까지 : 박물관 유형 _ 12
From Art to Zoology : Types of Museums

박물관 조직 _ 22
Organizational Structure

박물관 안내 데스크 : 박물관을 찾는 사람에 대한 서비스 _ 32
The Front Line : Visitor Services

박물관 교육 _ 42
Education

박물관 소장유물 업무 _ 58
Working with Objects

전시 _ 76
Exhibition

보존 _ 84
Conservation

의사소통 _ 98
Communications

개발 _ 114
development

집행 관련 부서 _ 130
the executive officer

행정 _ 140
administration

보편적으로 요구되는 기술, 구별되는 방식 _ 158
Universal Skills and Distinct pathways

내가 24살 때 알았더라면 하는 것들 186
Things I wish I had know When I was Twenty-four

박물관은 어디로 향하고 있는가? _ 202
Where are the Museums Going?

자료 _ 214
resources

저자와 대화를 마치면서 _ 218

 한국의 박물관 수는 늘고는 있다. 그러나 문제는 여기에 도사리고 있다. 우리의 박물관 설립주체에서 보면 사립박물관이 대부분을 차지하고 있기에 박물관에서 일을 하고 싶어도 채용 인원도 적을 뿐만 아니라, 근무 환경도 국·공립박물관과 같은 것이 아니기 때문에 선뜻 거기에 인생을 걸려고 하는 사람은 많지 않을 것이다. 혹여 있다면 한국의 박물관 실정을 구체적으로 모른 채 그저 박물관에서 일을 하고 싶은 마음이 절실하여 그런 생각을 갖게 되었을 지도 모른다. 그러나 한국의 박물관 실정을 알고 나면 그러한 생각을 접게 될 지도 모른다.

 그런데 국가나 정부에서는 박물관을 어떻게 생각하고 있을까. 설마 인류의 문화유산의 '쓰레기'를 수집하고 이를 보여주는 곳이 박물관이라고 생각하지는 않을 것이다. 설령

이렇게 생각하는 국가나 정부가 있다면 그것은 그야말로 잘
못된 생각이라는 것을 통째로 보여준 것이다. 필자에게 사
실은 이것이 가장 궁금한 점이긴 하다. 국가의 대통령이나
정부 부처의 장관이 박물관에 관한 자신의 의견을 국민과
충분히 교환하는 자리를 보고싶다.

현재로서는 정부 부처 안에 관련 부서가 하는 업무나
가끔 언론매체를 통해 접하는 박물관정책 등을 통해서 국가
나 정부의 박물관에 대한 시선을 엿볼 수 있을 뿐이다. 문
화체육관광부의 문화정책국 안에 문화기반과의 업무 분장
이나, 그 부서가 제시하는 박물관정책만을 놓고 보면 국가
나 정부가 박물관을 얼마나 중요하게 생각하는지를 알 수
는 있으나, 그것은 솔직히 피부에 와 닿지는 않는다.

필자는 정치는 모르겠으나, 필자에게 국가 운영에서 어

떤 분야 혹은 영역이 가장 중요할까를 미래지향적으로 정하라고 주문한다면, 정치든 경제든 인류의 모든 활동에서 궁극적으로 남긴 유·무형의 역사문화유산을 경영하는 영역이라고 단언한다. 국가 경영이 왜 실패했을까. 먹고 사는 문제를 포함한 내치와 함께 외교도 절대 중요하지만 그만큼 간과할 수 없는 영역은 다름 아니라 문화유산 경영의 문제이다. 세계여행의 자유화, 글로벌화의 추세에서 각국의 문화유산 경영은 중요한 이슈가 되고 있다. 이 문화유산 경영에 따라서 국가 재정과 함께 국민의 경제사정도 달라진다. 이뿐만이 아니다. 문화유산을 통해 국격國格이 달라지는 시대에 살고 있다. 국가정치의 경영에서도 정책의 설계는 어디에서 나올까. 기록물은 다름 아니라 문화유산을 가리키는 것이다. 유·무형의 기록이 그것이다. 기록이라고 다 유형이라고 생각하면 잘못이다. 보이지 않는 기록도 문화유산이다. 그것은 정신적인 기록물이다.

국가 경영의 설계는 '도깨비 방망이'처럼 하루아침에 나오는 것이 아니고, 해당 국가가 그 동안 축적하여 관리해 온 문화유산=기록물에서 나오는 것이다. 문화유산 없이 국가 경영의 설계는 불가능하다. 이 명제에 대한 철저한 인식 여부가 국가나 정부의 박물관에 대한 관점에 직접적인 영향을 끼치는 것은 당연하다.

문화유산을 수집·관리하며 조사, 연구하고 이를 전시와 교육과 교류와 홍보를 통해 국내외에 보여주는 역할을 하고 있는 곳이 다름 아니라 박물관이다. 여기에서 말하는 박물관에는 역사박물관, 인류학박물관, 고고학박물관, 미술박물관, 과학박물관 등뿐만 아니라 자연사박물관, 동물원과 식물원, 수족관도 포함한다. 문화유산 영역에 따라서 박물관 수도 늘려가야 하는 것이 맞다. 그런데 그 박물관은 국가가 설립해야 하는 것도 맞다. 개인이 설립하여 운영하기에는 리스크risk가 너무 크다. 또 문화유산 수집과 관리·경영도 국가가 맡아서 해야 하는 것이 맞다. 이것을 법인에게 맡기는 것은 국가의 '직무 유기'와 같은 것이다.

필자가 박물관에서 일을 하고 싶은 것을 삶의 목표로 하고 있는 사람에게 도움이 될 만한 책을 찾다가 타라 영Tara Young의 *So You Want to Work in a Museum?*을 우연히 만났다. 이 책을 읽어봐야 이 책이 어느 정도 도움이 될 만한 것인지 알 수 있기에 통독하며 저자와 대화하기로 결심했다. 이 책을 발간한 주체는 AAM이다. AAM은 The American Alliance of Museums의 약자로 미국박물관협회이다. 이 협회는 1906년에 창립된 역사가 깊은 박물관협회로, 이 협회의 목적은 "박물관의 표준standards과 가장 최고의 실제best practices를 개발하고 관련된 지식을 수집하고 공유하며 박물관 전체the entire museum community에 관한 문제들을 옹호하는 것advocacy을 돕는 데"에 있다. 이 책 첫 페이지에도 이 목적을 명기하고 있다. 이 목적과 함께 "박물관을 옹호하고 박물관의 회원과 연합 박물관과 협동하여 우수성excellence을 기르는 것"이라는 미션도 선언하고 있다.

이 책은 아래와 같이 총 15장으로 구성되어 있다.

1. 예술에서 동물원까지 : 박물관 유형

2. 박물관 조직

3. 안내 데스크 : 박물관을 찾는 사람에 대한 서비스

4. 박물관 교육

5. 박물관 소장유물 업무

6. 전시

7. 보존

8. 의사소통

9. 개발

10. 집행 관련부서

11. 행정

12. 보편적으로 요구되는 기술, 구별되는 방식

13. 내가 24세 때 알았으면 좋았던 것 : 기회와 도전

14. 박물관은 어디로 가고 있는가

15. 자료

이 책을 쓴 영은 1852년에 설립된 미국 매사추세츠 Massachesetts주 보스턴 교외 메드퍼드와 소머빌에 있는 터프츠대학Tufts University에서 박물관학 교수로 재직하고 있고 최근에는 2015년에 미국박물관협회로부터 승인을 받은 러시아 아이콘박물관Museum of Russian Icons의 창립 멤버이기도 하다.

필자는 이 책을 2021년 8월 9일에 구입하여 저자 타라

영Tara Young과 소통하면서 필자의 의견을 피력하고자 한다. 이 책이 박물관에서 일을 하고 싶어 하는 큐레이터 '후보' 에게 참고가 될 수 있는 이유는 이 책의 구성상 특징에 있다. 그것은 박물관의 각 기능에 맞는 직원의 역할을 수행하고 싶은 사람에게 요구되는 다음과 같은 것을 기술하고 있기 때문이다. 하나는 개인의 성격적·사회적으로 이런 경향을 가지고 있으면 박물관의 해당 기능을 수행하는 데 "적합할 수 있다may be a good fit"는 점을 제시하고 있다. 또 하나는 박물관에서 해당 역할을 수행하는 데 요구되는 "기술과 경험skills and experiences"을 기술하고 있다. 그리고 또 하나가 더 있다. 그것은 박물관에서 해당 역할을 수행하는 데 "명심할 점keep in mind"을 알려주고 있다. 필자가 지금까지 읽어 본 관련 책 가운데 이렇게 '친절하게' 구체적으로 박물관에서 일을 하고 싶어 하는 사람에게 가이드를 한 책을 접해 본 적은 없다. 필자는 이 책의 이 점에 주목하였고 이것이 저자와 대화를 시작하겠다고 결심한 주된 이유이다.

저자는 공립박물관의 주체는 정부이고 역사박물관이나 유적지가 가장 일반적(11쪽)이라고 말한다. 또 저자는 이 공립박물관은 채용, 임금, 평가와 승진에서 대학박물관과 같이 투명하다(11쪽)고도 덧붙인다. 그러나 저자는 이를 대학박물관처럼 상당히 관료제에 빠져 있는 단점도 있다(11쪽)는 지적도 빠뜨리지 않는다. 저자의 이런 언급을 접하면서 필자는 우리의 공립박물관은 어떠한가를 되돌아보게 된다. 우리의 경우 각 도 또는 도시의 구, 군마다 다투어 공립박물관을 열었다. 마치 그것이 지자체의 실적이나 되는 것처럼 말이다. 진정 박물관을 설립해야 하는 당위성이 그들에게는 다를 수 있다. 과연 이 시대 그 지역의 문화유산이 너무 중요하기에 수집·보존하여 계승해야 한다는 사명감에서 박물관 설립을 생각한 것일까. 그렇다면 그것은 참으로

제1장
예술에서 동물원까지 : 박물관 유형
From Art to Zoology : Types of Museums

환영할 만한 일이다. 그런데 박물관의 중요성에 대한 인식이 먼저가 아니라, 치적이 먼저라고 한다면 그것은 박물관 경영에도 악영향을 끼치기 마련이다. 박물관의 기능에 초점이 흐려지게 된다.

지금도 여전히 달라지고 있지 않은 공립박물관이 안고 있는 문제점이 또 있다. 박물관을 이끌어가는 관장의 직위에 박물관 경영 혹은 관련 분야 전문가가 아니라 '낙하산식'으로 비전문가를 임용하고 있다는 현실이다. 그것은 지자체의 이른 바 수장에 있는 사람의 박물관에 대한 의식의 다름을 여실히 엿볼 수 있는 대목이다. 물론 비전문가라고 해서 반드시 박물관을 제대로 경영하지 못할 것이라는 것 또한 편견이지만, 지금까지 이러한 편견을 깬 사람은 없었다. 그저 그 자리에 인사발령에 의해 타의반 자의반으로 온 사람도 전문가가 아니라는 의식을 스스로 가지고 임기만 채우고 물러나는 경우가 대체적인 모습이 아니었을까. 이제부터는 이러한 '불미스럽고 손가락질 받을 만한' 일은 지양되어야 할 것이다. 인사발령을 받은 비전문가에게는 그 자리가 임기 내내 '가시방석'이겠지만 그 영향이 고스란히 도민과 시민에게 되돌아가는 것이 더 심각한 문제이다. 그리고 궁극적으로 손가락질을 받는 사람은 그 비전문가를 박물관장 자리에 앉힌 지자체의 장이다. 문화유산은 살아있는 유기체와 같은 것이기에 그 문화유산을 제대로 관리하지 못하면 문화유산을 남긴 선조로부터 좋은 말을 듣지 못할 것이다.

저자는 공립박물관의 또 하나의 특징으로서 "그 규모에 따라서 직원 이동이 내적으로 용이할 수 있다"고 하면서 하나의 예로 미국의 경우를 들고 있다. 미국에서는 지방지자체municipality의 경우 공립박물관 1개관, 연방 정부의 경우 100여 개의 박물관을 운영하고 있다고 한다. 물론 연방에 관심이 있다면 그 안 국립공원 또는 스미소니언의 세세한 업무과정을 조사하고 이해할 필요가 있다고까지 말한다. 이것은 박물관 직원에게 요구되는 것이다. 박물관의 여러 분야에서 관련 업무를 담당하고 있는 직원은 인사이동에 의해 전과 다른 박물관을 이해하려고 노력해야 하는 것은 당연하다. 우리의 경우 한 지자체가 1개 또는 여러 개의 박물관을 운영한다. 후자의 경우라면 지자체 전체 박물관을 이해하려는 노력은 중요하고 저자는 "박물관 경력 초기에는 박물관의 주제, 크기, 형식 또는 위치에 갇히지 않는 것이 최선"(11쪽)이며 "모든 선택을 탐구하고 그 차이를 느끼도록 노력"할 것을 강조한다. 이것은 박물관의 신규 직원뿐만 아니라, 박물관에서 일을 하고자 취업 준비를 하고 있는 예비 직원에게도 모두 적용되는 말이다.

즉 전자처럼 여러 박물관으로 인사 발령으로 옮겨 다니면서 업무를 하는 경우 각 박물관이 추구하는 미션이나 주제, 업무의 성격에 보다 합리적으로 적응하려고 노력하는 것, 후자에게는 입사하고 싶어 하는 박물관의 크기나 주제나 형식 등에 구애받지 않는 것이 중요하다는 점을 강조하고 있다. 이처럼 저자는 과감하게 박물관인으로서의 경력을 쌓을 때 어떤 미션의 박물관이든 상관하지 말고 기회가 주어지면 그것을 경험하라고 주문한다. 저자의 주문처럼 우리의 상황에서도 그것이 가능한가. 우리는 어떤 미션의 박물관인가에 관심을 가질 수밖에 없다. 어떤 미션을 가진 박물관이든 도전할 수 없다. 이것이 현실이다. 보다 큰 문제라고 생각되는 점은 우리의 경우 박물관의 '비과학적' 경영에 있다.

비과학적이라는 것은 무엇을 의미하는가. 한마디로 그것은 박물관의 경영이 전통에 근거를 두고 있다는 것이다. 전통이라는 것은 기존 방식의 정통성이 관성력을 띠고 계속 전승하려는 속성을 가지고 있다. 박물관에서는 이른 바 '해오던 방식'대로 하면 문제가 발생하지 않는다고 생각하는 경향이 있다. 물론 전통이라고 해서 반드시 비과학적이라고 말할 수 없다. 문제는 지나치게 그것이 전통인 양 거기에 얽매여 박물관 경영에 변화를 불러일으키려는 노력이 상대적으로 적다는 데에 있다.

그 때문인지 모르겠으나, 우리의 박물관 조직은 외국의 박물관 조직 가운데에서도 일본의 박물관과 닮아 있다. 일제의 조선 강점 때 세워져 운영된 박물관을 광복 후 계승하면서 조직도 운영도 일본의 박물관과 닮아 있다. 이 닮은꼴에서 벗어나는 것이 맞다고 생각한다. 왜냐하면 박물관의 아주 '고유적이고 기본적인' 기능에 주로 얽매여 있기 때문이다. 박물관에서 가장 중요한 것은 소장 자료와 함께 박물관을 찾는 사람들, 즉 visitors, audience, users들이다. 따라서 박물관 경영의 핵심은 다른 데 있지 않고 박물관을 찾는 사람에게 있다. 이들을 위한 부서의 설치와 관련 전공의 직원 채용이 요구된다. 서구의 박물관에서 찾아볼 수 있는 박물관을 찾는 사람들에 대한 분석과 조사와 연구, 서비스 기능을 담당하는 부서를 우리의 박물관에서는 찾기 어렵다. 박물관에서 내놓는 업무가 쌍방소통, 즉 박물관 전문 인력과 박물관을 찾는 사람이 쌍방적으로 의사소통한 결과물이 아니라, 박물관 직원의 일방소통의 성과물이 대부분이다. 이렇게 해서는 박물관은 언젠가는 그들로부터 외면을 당하게 될 것이다. 그렇게 되면 박물관은 명칭과 기능을 바꾸어야 할 때가 올 지도 모른다. 예를 들면 역사자료관과 같이 말이다. 그 역할이 박물관이라는 이름에 걸맞지 않기 때문이다.

우리 국내의 박물관에서는 해당 미션에 부합하는 전공

에 한하여 인력의 채용이 이루어지고 있고 전통적인 기능에 '충실'하고 있기에 다양한 스펙트럼을 가진 예비 직원들이 박물관 전문인력으로 채용될 수 있는 기회가 적다. 앞서 이야기했듯이 우리의 공립박물관의 미션이 다양하지 않고 운영 인력도 적어 예비 직원들이 그 장벽을 뚫고 박물관 직원으로 진입하기는 참으로 어렵다. 그러니 예비 직원들은 낙담하고 돌아설 수밖에 없다.

저자는 대학원에서 미술사를 전공하고 있었던 중에 무기와 갑옷 관련 박물관의 교육팀장의 직무가 주어졌고 이를 수용했을 때 친구와 동료들이 네가 갑옷에 대해 아느냐고 물었다고 한다. 실제로 저자는 갑옷을 몰랐으나 열심히 배워 "그 박물관에서 보다 힘 있는 전문가"가 되었다. 저자는 이를 계기로 "전국에 걸쳐 움직인다는 나의 개인적 목적을 인식하게 되었다"고 실토하고 있다. 더 나아가 그것이 저자에게 박물관에 내재하는 다양성을 충분히 인식하는 기회가 되었다고까지 말한다. 그러나 우리의 상황을 되돌아보면 이것은 '먼 미래의 이야기'가 될지 모르겠다. 그렇다고 필자가 의도적으로 박물관에서 일을 하고 싶어 하는 예비 직원에게 실망을 안겨주기 위해 이런 말을 하고 있는 것은 결코 아니다. 이것은 박물관의 선진화가 곧 선진국으로 나아가는 첩경임을 국가나 정부에게 주문하고 싶은 마음에서 한 말이다. 더 넓은 맥락에서 문장 하나하나를 읽어 주기를 바란다.

저자는 본문에서 박물관의 규모를 언급하면서도 구체적

으로 대·중·소규모의 박물관 각각에 관해서는 기술하고 있지 않으며 또 박물관이 물리적으로 단독 건물인지 복합건물인지 또 박물관의 상태, 즉 구건물인지 신건물인지 아니면 리노베이션을 한 건물인지도 대해서도 말하고 있지는 않다. 그러나 이러한 상황이 박물관의 예비 직원에게는 어느 박물관을 선택할 것인가를 결정할 때 끼치는 요소 가운데 하나이다. 밀러가 말하는 박물관 선택하기가 무엇인가를 그와 이야기를 해 보고자 한다.

박물관의 업무가 구체적으로 무엇인가는 박물관의 미션이나 규모와 예산, 조직 등 여러 요소들에 따라서 다르다. 박물관에 직업을 얻으려는 사람은 우선 어떠한 박물관을 선택할 것인가의 문제가 있다. 이럴 때 무엇을 우선 알아볼 것인가. 급여도 생각해야 할 것이다. 국립과 공립, 사립 간에는 급여 차이가 있다. 또 자신의 전공이 취업하고자 하는 박물관의 미션과 부합하는지도 살펴 보아야 한다. 해당 박물관이 사회로부터 어떠한 평가를 받고 있는가, 인지도는 어느 정도인가도 함께 살필 필요가 있는 항목이다. 박물관의 근무를 통해서 어느 정도 비전 있는 삶을 설계할 수 있는가를 생각할 때 당장 현실적으로 급여 문제를 고려하지 않을 수 없다. 실제로 공립이든 사립이든 박물관의 업무 절차나 진행, 난이 정도 등은 유사하다. 그럼에도 불구하고 급여에 차이가 있다. 이것이 현실이다. 그렇다면 동일한 시간과 노동력을 투자하는 데도 생기는 급여의 차이는 업무 성과의 질에 영향을 끼치게 마련이다. 물론 이 문제는 채용이 된 다음의 문제이다. 아무리 급여가 높은 박물관 직원 채용에 지원을 해도 합격하지 못하면 이런 고민은 현실적으로 큰 의미가 없다.

그렇다면 밀러가 언급하고 있듯이 우선 자신의 능력이나 현 준비상황이 경쟁력이 있는가, 해당 박물관에서 지원자의 능력이나 자질에 어느 정도 관심을 보이는가. 결국은 자신이 자신에 대한 분석과 평가를 엄밀하면서 냉정하게 내릴 필요가 있다고 말한다. 밀러가 "당신이 당신 자신에 대해 더 많이 알면 알수록 다른 사람들이 당신에 대해 더 많이 알 수 있다"(밀러, 37쪽)라고 말하고 있는 데에서 자신을 얼마나 알고 있는가, 이를 박물관에게 정확하게 전달하는 것이 중요하다는 점을 알 수 있다.

박물관의 숫자는 인류문화의 수만큼 늘어날 것이다. 문화뿐만 아니라 자연사, 즉 인류가 남긴 문화유산과 자연유산의 수가 박물관의 숫자가 될 것이다. 오늘날 박물관의 숫자는 대학의 전공과목의 수를 따라갈 수 없다. 따라서 대학에서 학과를 전공한 사람이 박물관에 취업을 하려고 할 때 그 선택의 폭이 좁을 수밖에 없다. 그러나 종합박물관으로서 역사·미술·과학박물관은 대학의 여러 전공과목을 포괄하고 있다는 점에서 상대적으로 취업선택의 대상이 된다. 역사박물관이라고 하더라도 그 안에 고고학 박물관 외에 여러 역사학의 주제들, 기록학, 생활민속학, 인류학, 각 시대(근현대사 등)을 취급하는 종합역사박물관이 있으며 과학박물관이라고 하더라도 과학의 여러 분야 가운데 자연사,

항공, 지질, 산업, 자동차 등 다양하다. 또 미술박물관 가운데에는 고미술과 근·현대미술, 디자인, 공예, 건축 등을 취급하는 박물관이 존재한다.

또 박물관에서 일을 하고 싶은 사람들에게 박물관의 규모가 그렇게 관심의 대상이 되지 않을 수 있다. 그러나 실제는 그렇지 않다. 박물관 규모에 따라서 조직과 예산, 인력 등이 달라서 취업의 폭이 다르고 박물관에서 자신의 역할에 의한 비전이 달라질 수 있다. 물론 규모가 큰 박물관에서 일을 해 보고 싶어 하는 사람이 있는가 하면 그렇지 않은 사람이 있다. 또 너무나 당연한 이유가 그들에게는 있다. 밀러도 언급하고 있듯이 "규모가 큰 박물관은 보기에 적절하고 노력한 인력구조와 지원 인력, 리더쉽과 시설, 잘 구축된 위상을 가지고 있다. 박물관 직원은 큰 연못 가운데 있는 작은 물고기일 수 있다. 관료주의, 관행, 절차적인 요구사항이 창안, 창의와 빠른 성취를 숨 막히게 할 수 있다. 그러나 가장 긍정적으로 업무가 어떻게 이루어지는가를 배울 수 있다"(밀러, 40쪽).

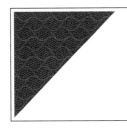

　　저자에 의하면 미국의 대부분의 박물관은 비영리 사립
이라고 한다. 저자는 이 점에 기초하여 조직구조organizational
structure를 언급한다. 저자는 조직도를 구성하는 직위를 논하
기 전에 조직구조를 살피라고 주문한다. 그것이 "한 마디
로 각 직위가 전체적으로 그 박물관의 보다 큰 그림에 부합
하고 있는가"(13쪽)를 파악하는 데 중요하다고 힘주어 말한
다. 필자는 이 문장을 보면서 생각해 보았다. 박물관이 조
직적으로 인력이 잘 구성되어 있다고 판단할 때 그 박물관
의 경영 실태를 알고 싶을 때가 있는데 그 조직의 구성이
유기적이고 합리적이라고 생각하였을 때이다. 이 점을 살피
려면 적어도 박물관학의 기초지식이 필요하다. 박물관의 업
무 전체는 따로 따로 존재하지 않고 각 업무가 유기적으로
얽혀 상호 협력으로 이루어진다. 이것은 결국 박물관의 각

업무에 대해 상호 이해를 하고 있어야 한다는 것을 의미한다. 그래서 저자는 "박물관의 많은 업무는 팀워크team work가 요구되기에 각 역할이 조직도의 어디에 해당하는가 또 그들이 상호 어떻게 관련되어 있는가를 이해"(13쪽)하는 것이 필요하다고 말한다.

우리의 박물관 조직상 「박물관 및 미술관진흥법」에서는 운영위원회를 둘 수 있다고 규정해 놓고 있어 그것이 '의무 조항'은 아니지만, 서구의 박물관 가운데 특히 미국의 박물관에서는 공통적으로 조직상 이사회board of trustees를 두고 있다. 그들은 비상근 3년의 임기인데 갱신도 가능하다. 이들은 박물관 행사 참여, 관장에게 그들의 인적 네트워크상의 인력 소개, 예를 들면 법률 자문, 경영 또는 인력 자원 전문, 재정 또는 투자 자문을 소개하면 소개받은 그들은 무료로

미국 메트로폴리탄미술관 주차장 표시(필자 촬영)

박물관에 도움을 줄 수 있다. 이뿐만 아니라 이사회의 임원들은 박물관을 재정적으로 지원하는데 예를 들면 기부 또는 기부를 권유하거나 기업에게 스폰서를 권유한다. 그리고 그들은 박물관장을 감독하는 일까지 하고 연간 예산 승인, 우선 사업의 결정, 전략 수립 시 협업, 인력운영과 같은 정책 결정에도 관여한다.

이렇게 서구 박물관의 조직상 이사회의 역할을 보면 우리의 박물관 운영과는 큰 차이가 있음을 느낀다. 박물관의 경영이 여러 전문가 집단의 사고력에 토대하여 이루어진다면 예견되는 문제는 적을 수 있다. 그렇지 않고 조직적으로 관장 이하 직원으로 구성되는 단순 조직에서는 문제가 발생되었을 때 그만큼 해결능력이 떨어질 수밖에 없다. 이것이 다름 아니라 직선적인 상하 구조의 조직이 갖는 맹점이다.

한국의 대표적이고 규모가 가장 큰 국립중앙박물관의 조직 구성을 보도록 한다. 국립중앙박물관은 관장 이하에 미래전략담당관이 있고 또 행정운영단, 학예연구실, 교육문화교류단으로 구성되어 있다. 이 각각의 하위에 행정운영단에는 행정지원팀, 디지털박물관과, 시설관리팀, 고객지원팀이 있고 학예연구실 밑으로는 유물관리부, 고고역사부, 미술부, 세계문화부, 보존과학부가 있으며 교육문화교류단 밑으로는 문화교류홍보과, 전시과, 교육과, 어린이박물관과, 디자인팀이 있다. 우선 각 부서 간 유기성이 어느 정도 있는가를 보도록 한다.

이 정도 규모의 국립중앙박물관이라면 부관장이라는 직위가 있을 만한데, 실제는 존재하지 않는다. 국립중앙박물관의 관장은 정무직으로서 차관급이다. 박물관장을 차관급으로 지명한다는 것은 그만큼 역할을 달리 설정했다는 이야기가 된다. 박물관장을 지명할 때 소위 '정치적인 입김'이 작용할 수도 있다는 것인데, 여기에는 물론 전문성과 함께 정치적인 성향도 영향을 끼친다. 그렇다면 차관급 관장은 어떠한 역할을 할 법한가.

필자가 생각하는 차관급 국립중앙박물관장의 역할에 대한 이미지는 이렇다. 한국을 대표하는 박물관을 이끄는 수장으로서 그가 할 일은 한국의 박물관정책 외 문화유산 정책을 수립하는 데 중심적인 역할의 수행, 한국의 역사와 문화를 외국에 알리기 위한 외국 박물관과의 교류, 외교상 한국문화 대표로서의 수행, 뛰어난 국제 감각으로 세계 박물관의 조류와 변화에 대응하면서 국제박물관협의회 ICOM(International Council of Museums) 등 박물관 관련 국제회의 참석과 발표, 외국 VIP 등 중요 인사의 접대 등이 될 것이다. 따라서 박물관 내부의 업무 전반을 총괄하는 부관장의 역할이 중요하다는 점에서 부관장이 절대 필요하다. 차관급 관장이 박물관의 내외적 업무 전반을 다 챙기기에는 너무 버겁다. 현 조직 구성상 각 부장이 부관장의 역할을 한다고 볼 수도 있겠으나, 부장은 엄밀한 의미에서 부서장에 해당한다. 통일적이고 체계적인 박물관 경영을 위한 총괄이 필요한데 필자가 아는 한에는 현 조직상으로 학예연구실장이 부관장의 역할을 하고 있지 않는가 생각한다. 그것도 학예연구실장에게 업무 부담이 되며 업무분장 상으로도 이를 명확하게 정의해 놓지 않은 상황에서는 학예연구실장에게 부관장의 역할을 기대하기는 어렵다.

다음으로 각 부 업무 간 유기성을 보도록 하겠다. 이 점에 대해 두 가지를 지적해 두고자 한다. 디지털박물관과가 행정운영단에 있는 이유가 무엇인가. 필자가 이해하는 한 보통 디지털박물관이라면 변화하고 있는 디지털 환경 하에서 박물관의 역할을 디지털 기술을 이용하여 공간과 장소의 제약 없이 확대해 가기 위한 업무를 개발·기획하고 추진해 가는 것이 그 목적이 아닐까 생각한다. 그래서 박물관의 기본적인 역할, 즉 박물관 업무 전반을 담당하고 있는 학예직과 협력하여 업무를 추진하는 것이 그 기본 방향이라고 말할 수 있다. 박물관의 역할을 외연적으로 확장할 필요성이 디지털 환경 하에서 대두되어 이에 적극 대응하기 위하여 디지털박물관과가 설치되었다고 말할 수 있다. 그런데 여기에서 포인트는 디지털박물관과의 속성은 행정에 속한다기보다는 학예업무와 긴밀하게 협력하면서 기획과 개발이 이루어져야 한다는 점에 있다. 그런 점에서 디지털박물관과는 현 조직상으로는 교육문화교류단에 있는 것이 더 합리적이라고 말할 수 있다.

또 교육문화교류단의 명칭에 대한 졸견을 피력하고자 한다. 단어의 조합이라는 면에서 보면 이 부서 명칭은 교육+문화교류의 합성어로 생각되는데, 왜 전시와 박물관교육이 학예 업무의 부분이 아닌지 하는 생각이 든다. 전시와 교육은 박물관의 소장 자료를 활용하는 측면이 강하고 박물관 활동에서 중요한 부분을 차지하고 있다. 그 업무는 소장 자료에 대한 학술적인 조사와 연구, 해석과 함께 박물관을 찾는 사람들과의 의사소통이 이루어지는 과정 외에 관련 도록의 발간에 이르기까지 소장 자료의 조사와 연구의 피드백이라고 말할 수 있다. 이를 넓은 의미의 '교류'라고 볼 수도 있겠으나, 이는 학예연구실 내에서 학예 업무 간 긴밀한 협조에 의한 성과이다. 따라서 학예연구실 안에서 이루어지는 업무이다. 그리고 교육도 박물관의 소장 자료와 전시 자료가 근간이 되고 이를 교육적으로 어떻게 교육에 참여하는 사람들과 의사소통을 할 것인지를 고민한 성과이다. 교육의 근간이 되는 소장 자료와 전시 자료에 대한 박물관교육학적 조사와 연구에 토대하여 그것을 기획 개발한 성과물이 박물관교육 프로그램이다. 따라서 박물관교육도 학예 업무와 긴밀한 협조에 의하여 이루어지는 과정이다. 이상 조직 구성의 유기적인 측면에서 볼 때 위에서 지적한 대로 조직도를 개선할 필요성이 있어 보인다. 이처럼 박물관의 조직을 어떻게 구성할 것인가를 거듭 고민하는 것이 중요하다.

저자는 미국박물관에서 이사회와 직원 간 업무상 의사소통이 잘 되도록 중간 역할을 하는 직위가 관장이라고 말한다. 그러나 실제로는 저자가 "이사회와의 상호 작용이 일상 업무의 한 부분이었던 직장에서 근무한 경험이 있는데 중간 직원들은 그들과 의사소통을 하지 않으려고"하는 것을 보고 실망했다고 한다. 규모가 큰 박물관에서는 직원들이 보통 그들의 전문 분야와 영역을 가지고 있다. 그래서 그들 상호 협력을 통해서 다른 직원의 전문성을 배우고 공유함으로써 이른 바 콜라보를 만들어 가게 된다. 저자도 수집 전문 팀장의 지도로 그 동안 인턴 과정에서 배웠던 기본적인 예술품 취급기술을 발전시킬 기회가 있었다고 한다(18쪽). 대규모 박물관의 이러한 인력 조직 구성에서 전문성의 공유를 통해 박물관의 파워를 늘려나가기 위해서는 그들 간 협력을 자율적으로 유도하는 방안도 있을 수 있으나, 그들의 전문 영역을 발표하고 논의하는 프로그램을 자체적으로 만들어 운영하는 방안이 있을 수 있다. 이것은 박물관 내적으로 학술 세미나 등을 운영하여 박물관 직원의 역량을 재개발해 나가기 위한 하나의 장치를 마련해 놓고 운영하는 방식이 된다.

반대로 조직이 큰 박물관에서 작은 규모의 박물관으로 직장을 옮기는 경우에는 당연한 것이지만 이른 바 1인 다역을 하지 않을 수 없다. 이것은 단점도 있으나 장점도 있다. 즉 어떤 영역에 중점을 두어야 하는가를 결정을 하게 되는데 이를 위해서는 박물관 업무를 보다 총체적more holistic으로 이해할 필요가 있다. 저자가 언급하는 또 하나의 장점은 직접 다양한 경험을 할 수 있는 기회가 주어진다는 점이다. 그렇다고 장점만 있는 것이 아니다. 1인 다역을 하다보면 많은 업무에 치여서 업무 피로도가 높아져 결국에는 업무의 질이 떨어지게 된다. 이를 피하기 위해서는 업무의 조정이 요구되고 업무의 집중과 선택을 통하여 업무의 질을 높이는 방법이 있다. 작은 규모의 박물관에서는 박물관 기능과 미션을 폭넓게 설정하기보다는 좁고 깊게 접근하겠다는 생각에서 업무의 방향을 설정할 필요가 있다. 과욕이 화禍를 부르듯이 그것은 다름 아니라 박물관을 찾는 사람들의 불만을 불러일으키는 '지름길'이 된다.

저자의 경험은 필자를 비롯한 박물관인들에게 중요한 하나의 교훈을 준다. 저자가 200명 이상의 직원이 있는 박물관에서 5년 동안 근무한 것은 박물관이 어떻게 움직이는가를 이해하는 데 도움이 된 기간이었다(18쪽)고 한다. 말하자면 각 직원의 역할과 그 역할에서 협력에 대한 이해도 깊어졌다는 것이다. 저자의 구체적인 경험을 들어 보면 다음과 같다. 저자는 전시 개막일이 정해지게 되면 약 9개월 전에 부서 전체 회의를 열고 전시 주제, 키워드, 기타 관련 정보를 공유함으로써 각 부서들이 전시를 위해 어떻게 협력·지원할 것인지를 미리 생각하도록 한다(18쪽)고 말한다. 그리고 전시가 끝나게 되면 모든 직원은 다음 전시에서 개선할 점이 무엇인지뿐만 아니라 전시가 성공했다면 그에 대한 보고를 듣게 된다(18쪽)는 것이다. 우리의 현실은 어떠한가를 되돌아보자.

저자는 구체적으로 언급하고 있지는 않지만, 전시 주제를 조사·연구하기 시작한 것은 이미 그전부터일 것이다. 적어도 전시 메커니즘은 연구 성과물을 전시로 표상하는 것이기 때문에 박물관에서 연구 활동은 절대 중요하다. 1년 또는 2년 전부터 연구 주제가 정해지면 이를 전시로 표상하는 것까지 포함하여 조사와 연구가 진행된다. 이러한 과정이 맞다. 우리처럼 1년 안에 관련 예산을 집행해야 하는 구조를 바꾸자는 이야기가 아니다. 전시를 준비하는 기간이 너무 짧다는 점을 지적하고 싶은 것이다. 그 준비가 짧으면 짧을수록 그 전시의 성공은 장담하기 어렵다. 전시는 종합 과학과 같다. 박물관의 총체적인 활동을 대외적으로 한 번에 보여주는 것이 다름 아닌 전시이다. 이제부터는 이렇게 개선했으면 하는 것이 필자의 졸견이다.

전시 주제는 2년 혹은 3년 전에 설정하고 그 동안 조사와 연구를 진행한다. 예산은 1건 당 단기가 아니라 중기예산으로 3년 전부터 예산이 투입된다. 예를 들면 2023년 예산부터 1차 연도 조사와 연구 예산, 2024년 2차 연도 조사와 연구예산, 2025년 3차 전시 예산과 같은 예산의 집행이다. 전시에 대해 예산을 쥐고 있는 중앙부처에서 이해가 깊지 않으면 그깟 전시 하나 개막하는 데 무슨 3개년 예산을 투입하느냐고 그야말로 기존의 방식을 고집한다. 진보와 발전을 기대하기 힘든 현실 앞에서 '소의 귀에 경 읽기'가 반복되고 있음을 본다. 졸속의 전시가 속출해도 박물관은 그 나름대로 자기만족을 하고 있고 예산을 준 부처나 박물관을 지도 감독을 하는 부처나 모두 자기 할 일을 다했다고 생각하는 경향이 있다.

우리에게 전시 중간 또는 말미에 전시에 대한 '반성'또는 '내적 비판'을 한 적이 있는가. 언론에서도 박물관을 도와주려는 의도에서인지 모르겠으나, 전시에 대해 입은 열지만 쓴 소리는 하려고 하지 않는다. 언론에서도 박물관과 불편한 관계를 만들고 싶지 않은 모양이다. 중요한 것은 '알면 실천하는 것'이다.

　저자는 우리에게 또 다른 교훈을 던지고 있다. 박물관의 구성원에게는 박물관 활동에 관한 정보가 공유되어 박물관을 찾는 사람들을 처음 대하는 직원들이 그들에게 어떠한 행동과 정확한 정보를 제공하느냐가 매우 중요하다. 박물관의 경비와 안전 업무에 종사하는 직원, 박물관 뮤지엄 샵에 근무하는 직원, 매표소 직원 외에 박물관 데스크에서 근무하는 직원들에게 박물관을 찾는 사람들이 궁금해 하는 모든 것뿐만 아니라 박물관을 이용하는 데 불편함이 없도록 대응하는 자세가 크게 요구된다. 관람 동선의 안내 외에도 장애우·짐 보관·화장실·특별행사의 안내는 어떻게 할 것인가에 대한 전체적인 교육이 요구된다. 이러한 박물관 활동 또한 전문적이어야 한다.

　박물관을 찾는 사람들은 박물관으로부터 최상의 서비

제3장

박물관 안내 데스크 :
박물관을 찾는 사람에 대한 서비스
The Front Line : Visitor Services

스를 받으려고 한다. 불편한 박물관에 대한 인상은 오래 가게 되고 그것은 박물관에게 악순환적인 영향을 끼친다. 박물관을 처음 찾는 사람들에게는 박물관 환경이 생소하고 어색할 수 있다. 그들이 박물관을 또 와야겠다고 느끼는 것은 박물관을 이용할 때 발생되는 문제를 박물관에서 신속하게 해결해 주어 고맙다고 생각했을 때이다. 그래서 저자는 현장에서 근무하는 박물관 직원 전체가 그러 해야 하지만 매표소 직원은 다양한 업무를 수행할 수 있어야 한다고 말한다. 즉 그는 동시에 여러 업무를 처리할 능력을 가지고 있어야 한다는 것이다. 예를 들면 박물관을 방문하는 한 사람의 신용카드를 처리하면서 다른 사람의 질문에 답을 하게 된다. 이 때 박물관을 찾는 사람들과 명확한 의사소통을 하는 것이 중요하다.

박물관을 찾는 사람들은 불특정 다수이다. 예기치 않은 행동이 박물관에서는 일어날 수 있다. 그들은 박물관에서 지켜야 할 준칙사항을 완전하게 숙지하고 박물관을 이용하는 것이 아니다. 저자는 예를 들면 그들이 모르고 전시실에까지 커피를 가지고 들어왔다면 그것이 허용 되지 않는다는 점을 공손하게 설명한 후 그 커피를 거두어 처리하는 업무까지도 현장 근무 직원들이 해야 한다고 말한다. 매표와 관련한 업무 팀장은 채용부터 직원교육, 업무계획의 수립 등에 이르기까지 업무 전반을 체크해야 한다(22쪽).

　　필자는 전부터 박물관을 찾는 사람들에 대한 조사와 연구가 박물관의 과학적 경영을 위해 필수적이라는 점을 강조해 왔다. 이것은 박물관학에서 논의하고 있는 visitor studies를 말한다. 필자가 아는 한, 스미소니언박물관의 조직에서는 visitor studies(관람자 연구)부서가 있어 이 부서에서의 연구 성과들이 스미소니언박물관의 경영정책이나 방향을 정할 때 가이드 역할을 한다. 다시 말하면 박물관 경영의 방향키에 영향을 크게 끼치고 있는 것이 visitor(또는 audience, user)에 대한 분석과 연구이다. 박물관은 기본적으로 소장 자료를 수집하고 관리하고 있으나 박물관을 찾는 사람들을 위해 전시와 교육과 여러 회원들을 위한 활동을 하고 있다는 점에서 서비스 기관인 것이다. 따라서 서비스를 제공받는 사람들에 대한 조사나 연구가 없이는 박물관이 어느 방향으로 가야하는가를 알 수 없게 된다. 그들에 대한 서비스 기능을 멈춘 박물관은 박물관이 아니라, '자료관'으로 변경해야 할

미술관 멤버쉽 활동(필자 촬영)

것이다. 박물관으로서의 존립 이유를 상실했기 때문이다.

저자는 박물관을 찾는 사람들에 대한 통계가 중요한 이유에 대해 크게 세 가지를 언급한다. 하나는 박물관이 성장혹은 수축(퇴보)을 측정하는 데 사용하는 중요한 기준이 되고 둘째로 박물관장에게는 이사회 회의에 보고할 때 중요한것이며 셋째로 박물관 큐레이터는 언제 전시를 열어야 하는지를 결정할 때 예를 들면 6월에 비하여 5월이 좋은 이유를설명할 때 사용할 수 있다고 말한다(23쪽). 또 저자는 이러한통계가 마케팅팀에게도 중요하다고 말하면서 그 이유는 "마케팅 매니저가 지방 잡지에 박물관 할인 입장권 쿠폰을 인쇄하기 위해 1천 달러를 투자한다면 알고 싶은 것은 그 투자가 과연 효과적인가 하는 점"을 판단하기 위해서라는 것이다.

저자가 언급하고 있는 박물관을 찾는 사람들에 대한 관심의 필요성 외에 그들에 대한 보다 입체적인 조사와 연구, 분석이 크게 요구된다. 단순히 저자가 언급하고 있는 통계에 그쳐서는 한계가 있고 이를 뛰어넘어서 박물관을 찾는 사람들에 대한 직접적인 목소리, 즉 전시·박물관 서비스에 대한 반응 등에 관한 정보를 종합적으로 수집하고 이를 분석·연구해야 한다. 그래야만 그들의 박물관에서의 전체적인 활동에 대한 리뷰와 반성을 통해 박물관의 발전 방향을 모색할 수 있다. 그들이 있어 박물관이 존재하는 것이다. 그들과 박물관은 상호 소통 중에 있다. 소통을 잘 하는 박물관이 성공하게 된다. 이것은 숨길 수 없는 '사실'에 가깝다.

저자는 박물관 현장에 있는 뮤지엄 숍의 중요성에 대해 언급한다. 우리의 경우 요즘은 뮤지엄 숍이 많이 달라졌으나 이전 한 때는 어느 뮤지엄 숍을 가더라도 판매하고 있는 물품들이 대동소이하였다. 이것은 무엇을 말해주는가 하면 뮤지엄 숍에서 물품을 주로 주문해서 팔기 때문이다. 저자가 지적하고 있듯이 "뮤지엄 숍의 디자인은 물론 상품을 통해 박물관의 미션을 지원하는 것"이기 때문에 뮤지엄 숍은 다름 아니라 박물관의 정체성을 보여주는 바로 그 자체이다. 그 박물관의 뮤지엄 숍에 가야만 그 물품을 살 수 있어야 한다. 저자에 의하면 서구의 경우 뮤지엄 숍의 수입은 박물관 전시, 프로그램 등 미션에 토대한 사업의 비용에 쓰

미국 국립인디언박물관 뮤지엄 샵(필자 촬영)

인다고 한다. 우리의 경우 아마 국·공립 박물관 내 뮤지엄 샵은 외부 업체가 운영하는 것이 대부분이다. 아니면 법인 박물관문화재단이 운영하는 경우 수입은 재단의 몫이고 문화재단에서 해당 박물관의 미션을 지원하기 위한 사업에 사용할 것이다.

저자에 의하면 박물관 미션이 디자인된 상품, 즉 박물관 로고가 새겨진 우편엽서, 티셔츠, 토트백, 우산 등이 판매되며 여기에 박물관 소장 자료의 주제에 관한 책들, 그리고 특별 전시 도록과 카탈로그, 전시자료의 복제품이 판매된다. 이것이 바로 박물관 뮤지엄 샵의 '진정한'모습이다.

저자는 박물관 뮤지엄 샵의 매니저는 다음과 같은 역할을 한다고 언급한다(25쪽). 가격 결정부터 예산 모니터링, 상품 진열 디자인, 직원 감독 및 훈련, 직원 근무 계획 수립, 이벤트 계획 수립(예 : 책 사인회, 특별회원을 위한 휴일 밤 세일+음식 제공), 판매 목표 충족도 체크, 이익 창출 상황 파악, 재고 목록 작성 등을 제시한다.

저자는 뮤지엄 샵과는 성격이 다른 박물관 내 카페 운영에 대해 언급하고 있다. 저자에 의하면 박물관에서 카페나 식당은 직영하지는 않고 외주를 주고 건물 사용료 외에 수익을 상호 배분하는 형태가 대부분이라고 한다. 우리의 상황과 겹치는 부분과 다른 측면을 공유하고 있는 것을 알 수 있다. 우리는 외부 업체의 입찰을 통해서 낙찰된 업체가 건물사용료와 함께 전기, 수도 등 사용료를 지불하되 수익을 상호 배분하지는 않는다. 그만큼 우리의 카페 운영은 박물관에 찾는 사람들의 숫자로부터 크게 영향을 받는다. '빈익빈 부익부 현상'이 나타나 박물관 내 카페나 식당이 자주 바뀐다. 저자에 의하면 외국의 경우 박물관의 행정 직원이 카페나 식당의 판매를 관리하거나 아니면 종종 자주관리제에 의하여 관리가 된다고 한다. 그러나 저자는 "이 양자 간 선택에서 성공적인 음식 서비스 모델은 없다"(26쪽)고 말한다. 개입이냐 자율이냐의 선택인데, 박물관 측과 카페나 식당 운영 측 간 이해관계가 합치된다면 박물관 카페나 식당을 박물관을 찾는 사람들의 성향에 맞추어 어느 정도 차별화할 것인가가 중요한 포인트가 된다고 생각한다. 즉 박물관을 찾는 사람들의 동기는 다양하기에 반드시 박물관을 가는 이유가 전시를 보거나 교육프로그램에 참여할 목적으로 가는 경우도 있겠으나 박물관의 그 뮤지엄 샵에 가야만 그 물품을 살 수 있고 박물관의 그 카페나 식당에 가야만 그 맛의 음식을 맛볼 수 있다고 한다면 박물관을 찾게 되는 것이다. 필자가 2005년에 미국 뉴욕의 박물관과 미술관을 둘러보는 출장을 갔을 때 인상 깊었던 장면이 있었다. 그것은 박물관 옆으로 대형 마트와 식당의 운영이었다. 이런 구성은 박물관에 가서 전시도 관람하고 마트에서 식품도 사고 식사도 할 수 있는 환경이었다.

저자는 박물관 현장에서 중요한 역할을 하고 있는 경호원에 대해 언급한다. 박물관을 찾는 사람들은 불특정 다수이기에 귀중한 문화유산을 수집ㆍ소장하고 있는 박물관으로서는 '긴장'하지 않을 수 없다. 박물관은 단순한 즐거움과 교육의 공간이 아니다. 박물관을 이용할 때 지켜야 할 준칙 사항이 있으나, 문제는 어떠한 제재 없이 박물관을 이용하도록 할 수는 없다. 일전에 국립중앙박물관에서 전시 공간 출입구에 검색대를 설치했다가 최근에 가 보니 이를 제거하였다. 아마도 불만의 목소리가 있었기에 그렇게 한 것으로 생각이 든다. 그러나 박물관의 출입은 무제한적으로 자유로워서는 안 된다. 필자가 경험한 미국의 뉴욕에 있는 박물관과 미술관에서는 철저하게 출입 시에 검색을 한다. 그것에 대해 인권에 반하는 것이 아니냐며 혹여 따지는 사람이 있다면 역사를 지키는 것은 다름 아니라 우리들이라는 점을 상기해 주었으면 한다. 우리의 주요 국립박물관이나 미술관에서는 검색대를 설치하고 있지 않다. 검색대의 설치를 적극 검토할 필요가 있다.

저자는 박물관에서 문화유산에 대한 경호의 중요성을 강조한다. 박물관의 기능과 역할, 문화유산을 바라보는 시각은 제각각이다. 불특정 다수의 지식 정도나 의식 수준이 각각 다르기 때문에 그야말로 박물관 안은 '사건 발생' 직전의 상황일 수 있다. 그것이 발생하지 않도록 하는 역할을 박물관 경호원들이 담당한다. 박물관 안에서는 화재 외에 심지어 테러, 전시품 강탈 등도 발생할 수 있다. 실제로 이런 일이 없었는가 하면 그렇지 않다. 경호원이 아무리 철저하게 박물관 안에서의 사건 발생을 사전에 막거나 발생한 사건을 처리한다고 하더라도 숫자적으로 역부족일 수 있다. 따라서 카메라 모니터링을 통해서 박물관을 찾아 이용하는 사람들의 동태나 상황을 살피면서 '수상한' 장면이 포착되었을 때 경호원과 상호 연락하면서 상황에 대처한다.

세계의 미술관에서 사라지는 미술 작품의 역사가 단행본(이연식, 『위작과 도난의 미술사』, 한길아트, 2008)의 주제가 될 정도로 박물관이나 미술관의 전시품은 도난의 위험에 노출되어 있다. 이뿐만 아니라 박물관은 자연재난, 화재에 대비하는 등 체제를 철저하게 갖추고 늘 점검하여 문화유산의 보존에 최선을 다해야 하는 것을 두말할 필요조차 없다. 자연재난이나 화재에 대한 대비책을 수립하고 평소에 정기적으로 자연재난이나 화재 발생에 대비한 훈련을 해야 한다. 저자는 미국의 박물관 상황에 비추어서 박물관 방호정책의 총괄과 관련하여 방호 정책관 그리고 방호 책임관, 박물관 관리에 대한 총체적인 조직과 그 역할을 언급하고 있다.

　　저자는 박물관이 비영리 기관으로 자리 매김이 되는 이유 가운데 하나로 교육기관인 점을 들고 있다(31쪽). 그렇다고 영리사업을 할 수 없는 것은 아니다. 영리를 통해서 얻은 수익은 박물관 경영을 위해 재투자되는 구조이다(76쪽). 저자는 20년 이전과 비교하여 박물관은 박물관을 찾는 사람들에게 정보를 전달하는 입장에서 그들과 함께 의미와 관련성을 창안하고자 하는 방향으로 변화하고 있다는 점을 강조한다. 이것은 궁극적으로 박물관을 찾는 사람들과 함께 박물관의 역할을 만들어간다는 것을 의미한다. 즉 참여박물관 participatory museum의 확대이다. 따라서 최근에 박물관에서는 여러 참여프로그램이 늘고 있다.

　　저자는 프로그램을 "교육적 내용을 포함된 강의, 워크숍, 영상 등"(31쪽)이라고 정의하고 이벤트events는 "우선 사회적이고 그 다음으로 교육적인 모임"을 가리키며 투어tours 는 박물관교육 담당자가 이끄는 갤러리 내 경험을 위해 일반적인 관람자 또는 단체가 참여하는 것이라고 말한다. 필자가 이해하는 프로그램에는 박물관의 기능과 관련하여 예를 들면 전시연계 및 박물관 소장품 관련 프로그램, 박물관 회원과 교사, 부모, 노령층을 위한 강좌 프로그램, 초청 강사에 의한 강의 프로그램, 박물관의 학교교육 프로그램 등이 있을 수 있다. 사회의 변화에 적극 대응하여 박물관에서는 관련 프로그램을 개발할 필요가 있다. 예를 들면 최근에 4차 산업혁명 시대에 대비하여 박물관의 강좌 프로그램 중 가상현실에 기반을 한 박물관 전시기법 등에 관한 강좌의 개발이 그것이다. 저자의 경험에 비추어서 박물관 직원 가운데에는 이러한 프로그램에 대한 총괄 매니저의 역할에 대해 언급한다.

　외국 박물관에는 프로그램 매니저가 있어서 박물관의 여러 프로그램에 대한 내용과 틀을 개발하고 분기별로 이루어지고 하는 대부분의 프로그램 정보를 우편을 통해 인쇄물로 전달하기도 하였으나 최근에는 온라인으로 그 정보를 전달한다(32쪽)고 한다. 그리고 그 매니저는 월마다 큐레이터와 대화하면서 프로그램의 개발 방향을 구체적으로 설정한다. 우리의 경우를 살펴보자면 대규모 박물관에는 이러한 프로그램 매니저에 해당하는 직위는 박물관교육 관련부서 내 학예연구관이 될 것이다. 그 학예연구관은 다른 부서의 학예직원과의 회의를 통하여 개발할 박물관 프로그램을 논의하면서 협조를 구한다. 최종적으로 박물관 전체 프로그램이 결정되면 내용과 함께 참가방법(사전예약이나 전화문의 등)과 참가비, 일정과 장소 등을 마케팅 부서와 협력하여 박물관 프로그램 달력에 관련 정보를 반영하고, 박물관 홈페이지, 보도자료 등을 통해 홍보를 시작한다.

　저자는 프로그램 매니저의 자질에 대해 다음과 같이 말한다. 우선 해당 프로그램 참여자에 대해 전문 지식의 중요성을 지적한다. 예를 들면 학생과 교사에 관한 프로그램이라고 한다면 스스로 교사로서 훈련을 받아야 한다고까지 말한다. 교육심리학 등 교육학에 대한 지식이 필요하다는 것이다. 필자는 이전부터 이런 말을 했다. 박물관은 기본적으로 교육적 역할을 하는 문화유산 전문기관이다. 따라서 박물관의 직원들에게는 여러 전공영역이 요구되는데 그 가운데 박물관을 찾는 사람들이 참여하는 프로그램 운영을 위해서는 교육학 전공과 함께 교육심리학도 요구된다. 전에 교육학 전공자가 국립박물관에 채용된 적은 있으나 요즘은 어떠한지 모르겠다. 저자는 또 프로그램 매니저에게 요구되는 자질 가운데 "목표 관람자target audience의 특성을 이해할 필요가 있을 뿐 아니라 그들의 관람자에게 가장 적합한 프로그램의 형태를 이해해야 한다"(33쪽)고 원론적 언급을 하고 있다. 필자가 느끼기에는 이런 언급은 그야말로 원론적이다. 이를 구체적으로 풀어서 이야기할 필요가 있다. 목표 관람자라고 하더라도 프로그램 참여의 동기나 목표뿐만 아니라 학력 수준, 그들이 처한 환경이 다 같은 것이 아니기 때문에 박물관 직원의 역할이 가장 중요하다. 예를 들어 성인을 위한 박물관교육 프로그램의 개발이라고 한다면 이들이 가지고 있을 법한 지적 수준을 고려하여 교육의 수준과 목표를 세우고 어떠한 교수방법으로 진행할 것인가를 구체적으로 제시해야 한다. 누구를 강사로 하여 어떠한 내용을 어떻게 설명하고 전달할 것인가 하는 부분까지 '고민'해야 할 것이다. 강사가 선정이 되면 그와 사전에 회의를 통하여 이 프로그램을 어떻게 진행하여 목표 관람자들의 요구needs를 만족시킬 것인가를 논의해야 할 것이다.

저자는 프로그램 매니저가 갖추어야 할 자질에 대해 다음과 같이 나열한다. 브레인스토밍brainstorming을 좋아하고 창의적 아이디어가 풍부한 사람, 효과적인 상호 협력을 추구하는 사람, 전문적인 기획력을 가진 사람, 관계의 형성과 그 발전을 좋아하는 사람, 대중 앞에서 말하는 것을 좋아하고 특정 관람자와 관련된 경력을 가지고 있는 사람이어야 한다(34쪽)고 말한다. 저자가 나열한 이 항목들은 프로그램 매니저를 채용할 때 면접에서 크게 참고할 만한 것들이다. 이것에 대해 저자는 프로그램 매니저의 또 다른 능력이 요구된다고 말한다.

프로젝트 경영과 일정 조율, 단·장기 계획의 수립, 컴퓨터 기술, 고객 서비스, 예산의 수립, 공식 또는 비공식 교육 경험, 제시된 프로그램 형식에 맞는 특정 기술 또는 경력, 적어도 석사학위 소지(34쪽)를 프로그램 매니저의 구비 능력 조건으로서 저자는 제시하고 있다. 이만큼 프로그램 매니저의 역할과 그 책임은 가볍지 않다. 프로그램 매니저에 관한 저자의 언급 외에 중요한 한 가지를 덧붙이자면 그것은 위와 같은 자질이나 성향·능력을 가진 사람이 프로그램 매니저로서 보다 발전되기 위해서는 박물관의 역할을 잘 이해하고 있어야 한다는 점 또한 간과해서는 안 될 것이다. 박물관의 여러 직원들이 그야말로 '조화로운' 화음을 내서 좋은 성과를 거두기 위해서는 박물관에서 어느 한 특정한 직종이 우위라든가 중심이라든가 하는 '권위적인' 생각을 버려야 한다. 아마도 우리의 경우 박물관에서 학예직이 중심의 역할을 하고 있다고 착각할지 모르겠다. 다른 직원들과 부서의 협력이 없이는 그 성과를 낼 수 없었다는 것을 알면서도 '우열 다툼'을 알게 모르게 하고 있는 모습은 박물관이 나아갈 방향이 결코 아님을 직시해야 할 것이다.

물론 어느 집단이든 간에 갈등은 없을 수 없다. 문제는 갈등의 종류이다. 경우에 따라서는 의견이 만장일치가 될 수 없기에 논의하는 과정에서 의견 충돌에 인한 갈등은 존재할 수 있다. 이것은 자연스럽고 '건강한' 갈등이다. 갈등이라고 다 나쁜 것이라고 치부할 것은 아니다. 갈등을 거쳐야 결론이 나오는 경우가 많다. 논의하는 과정에서 나온 갈등은 감정적·개인적인 속성을 가진 갈등과는 다른 것이다. 다만 이러한 과정에서 나온 갈등을 없애고 만족할 만한 결론을 도출하는 것이 궁극적인 목적이라는 의식을 공유하고 있다면 갈등은 결론 이후에는 쉽게 봉합이 된다. 감정적·개인적인 갈등을 공적 상황에까지 끌고 나와 갈등을 심화시키는 태도는 지양되어야 한다. 이는 다른 직장도 마찬가지이겠으나 특히 문화유산을 취급하는 박물관에서는 지양해야 하는 태도와 자세이다. 감정이 섞인 심적 상태에서 문화유산을 다루고 있다고 생각해 보라.

저자는 우리의 박물관 조직에서는 존재하지 않는 교육코디네이터education coordinator를 소개한다. 저자는 교육코디네이터에 대해 "지식과 정보를 알고자 사람과 그것을 계획하고 가르칠 교육팀원 사이를 연결하는 사람"(35쪽)이라고 정의한다. 그는 교육팀 행정관으로서 매니저가 기획한 프로그램을 지원하며 예약 관람자와 프로그램 참여등록자들을 처음으로 접하면서 그들이 구체적으로 어떻게 박물관과 프로그램을 이용하고 교과과정에 박물관이 어떻게 지원할 것인가에 관여하는 사람이다. 교육 코디네이터는 교사의 요구

를 충족시키기 위해 프로그램 매니저 또는 해설가interpreter
와 함께 계획안을 파악하고 프로그램을 진행하기 이전에 자
료준비와 시작 · 완료를 도울 수 있으며 프로그램 등록자와
단체를 박물관에 안내하기도 한다(35쪽). 그에게는 저자에
의하면 "모든 형태의 사람들과 의사소통할 수 있는 능력,
조직화된 상당히 구체적인 정보를 유지할 수 있는 능력"이
요구되는데, 그는 의사소통을 통하여 일상적인 요구사항들
을 조정하고 문제를 해결하며 "잠재적으로 어려운 상황들
을 분산시킬 수"(35쪽)있어야 한다. 이 직종에 종사하려는
사람은 관람객 서비스에 탁월하고 전화나 이메일로 의사소
통을 할 수 있으며 적절한 태도로 마감일을 맞추고 업무를
마치며 박물관 프로그램에 많은 관심을 갖고 그것들에 대
한 질문에 답변할 수 있는 능력을 가지고 있어야(36쪽) 한다.

우리의 박물관 조직에서는 교육 담당 부서의 팀원 전원
이 관여하고 있기에 이러한 직원은 존재하지 않는다. 이러
한 상황에서는 팀원 사이에 이러한 조정 역할을 누가 해야
하는가를 둘러싸고 갈등이 있을 수 있다. 그래서 박물관 교
육 프로그램을 기획 · 총괄하는 학예연구관이 조정의 역할
을 수행하는 것이 합리적이다. 예를 들면 교육 프로그램 참
여자가 불만과 불평을 제시하는 경우에 이를 어떻게 해결
할 것인가, 예약을 포기하게 되었을 때 환불 처리 등을 원
만하게 처리할 때 그 조정 역할을 하는 직원은 실무선에 있
는 직원이 아니라 총괄의 직위에 있는 학예연구관이다. 저
자가 말하는 교육 코디네이터는 우리의 경우 교육팀의 팀장

(학예연구관)이 된다고 말할 수 있다.

저자는 또 우리 박물관 조직에는 없는 자원봉사자 코디네이터를 소개한다. 이 또한 우리 박물관 조직에서 자원봉사 업무를 총괄하는 사람이 자원봉사 코디네이터의 역할을 하는 것이다. 저자에 의하면 자원봉사자 코디네이터는 자원봉사자를 면접을 통해 선발 채용하며 그들을 훈련교육하고 감독하는 업무를 수행하는 사람이다. 박물관의 규모에 따라 자원봉사자의 역할이 다르나 "박물관의 다른 직원과 함께 어떠한 업무를 수행할 필요가 있는가를 결정"(37쪽)하고 자원봉사자의 배경, 경험과 기술 등을 고려하여 어떠한 역할을 하도록 할 것인가를 결정한다. 박물관의 인력은 정규직과 비정규직 외에 자원봉사자로 크게 구성된다. 자원봉사자가 박물관의 기능을 수행하는 데 큰 부분을 차지하는 것은 물론이다.

기본적으로 자원봉사자에게는 급여가 지급되지 않는다. 박물관에서 식사, 교통비가 지급되는 정도이다. 그러나 저자도 언급하고 있듯이 "급여를 받는 박물관 직원과 마찬가지로 똑같은 책임이 요구된다"(37쪽). 그 때문에 박물관에서 자원봉사를 하려는 각별한 생각이 있는 자원봉사자는 박물관 안에서 자율적으로 활동할 수 없다. 박물관의 미션과 직원에 대한 여러 준칙사항과 활동의 틀 안에서 박물관 직원의 감독을 받게 된다. 그러나 저자도 인정하고 있듯이 자원봉사자와 박물관 간 관계는 상호 "윈-윈a win-win" 상황에 있다. 박물관에서 자원봉사자를 어떻게 대할 것인가 하는 문제는 쉽지 않다. 그들의 의지와 사명감과 봉사정신을 박물관을 위해 '발휘'할 수 있도록 박물관은 그들을 '대접'하고 '이끌어야' 한다. 자원봉사자들은 많은 경력과 지식 외에 여러 스펙트럼을 가지고 있다. 그들의 이러한 자원을 어떻게 박물관에서 '무료'로 활용할 것인가.

저자는 그래서 박물관에는 자원봉사자 코디네이터volunteer coordinator가 있다고 말한다. 이 코디네이터가 박물관과 자원봉사자 간 여러 문제들을 조정하는 역할을 한다. 저자는 자원봉사자가 비록 무보수로 박물관에서 활동을 하고 있으나 코디네이터는 법적, 윤리적 측면을 인식해야 한다(38쪽)고 말한다. 또한 그는 인력 관리 전문가로부터 차별 없는 정책과 자원봉사자에게 적합한 문제에 관해 교육을 받아야 하고 자원봉사자의 업무를 명확히 정의하며 정규 직원의 업무와 중복 또는 충돌되지 않도록 조정할 필요가 있다(38쪽)고 역설한다.

박물관의 자원봉사자는 기본적으로 박물관 업무의 '보조' 역할을 수행한다. 보조라고 하지만 자원봉사자에게는 강제성이 없기에 그들의 상황이 박물관의 업무 일정에 영향을 끼칠 수 있다. 예를 들면 자원봉사자에게 갑자기 일이 생겨 나오지 못하게 될 경우 등에 대비하여 업무 공백이 생기더라도 업무 진행에는 지장이 없도록 자원봉사자의 업무 계획을 수립해야 할 것이다. 이것이 코디네이터의 역할이다. 자원봉사자가 필요한 부서의 수요를 조사하고 이에 토대한 자원봉사자 모집 공고에 의하여 서류 심사와 면접을 거쳐 자원봉사자를 모집하게 되면 그들에 대한 오리엔테이션과 함께 교육 프로그램에 의하여 박물관 업무 전반과 박물관을 찾는 사람들의 속성 등에 관한 사전 교육을 실시한다. 그런 다음에 자원봉사자에게 특정업무를 맡기게 되는 경우에는 그들을 이끌어 갈 직원과 함께 관련 부서에서 특정한 훈련과 교육을 진행하게 된다(37쪽).

자원봉사자 코디네이터에게 가장 중요한 일은 그들을 최대한 "존중하는 일"이다. 이들은 무보수로 박물관의 업무를 도와주려는 의지와 사명감을 가진 사람들로 박물관 내에서 차별을 받고 있다고 느끼게 해서는 안 된다. 그만큼 자원봉사자 코디네이터는 그 역할을 수행하는 데 많은 어려움이 있다. 자원봉사자 가운데 코디네이터와 대화를 할 수 있는 창구역할의 대표를 뽑고 자원봉사자의 근무 일정을 세울 때나 개선점을 비롯하여 여러 논의할 만한 의제가 나왔을 때 우선적으로 코디네이터와 이야기를 나눌 수 있는 포인트를 설정해 두는 것은 중요하다.

저자는 자원봉사자 코디네이터에게 요구되는 기술과 경험을 다음과 같이 나열한다. 감독 경험, 고객 서비스 경력, 조직 경영ㆍ자원 봉사 경험, 냉정의 능력 등을 갖추고 적어도 학사학위를 소지할 것을 추천한다. 박물관에서는 주말 근무 외에 경우에 따라서는 야간 근무도 하게 되는데, 이 경우 자원봉사자에 대한 오리엔테이션과 사전 교육 시에 주말과 야간 근무 가능여부를 사전에 체크하게 된다.

저자는 자원봉사자에 대해서는 언급을 하고 있으나 박

물관 인턴에 대한 피력은 보이지 않는다. 최근에 한국에서도 박물관 인턴제가 기업의 인턴제도를 참고하여 도입되어 운영되고 있다. 인턴은 기본적으로 최저 임금 수준의 급여를 받으면서 박물관 업무를 지원하면서 그 업무를 배운다. 따라서 자원봉사자와 인턴 간 차이는 급여나 업무 관여도 등이다. 다시 말하면 자원봉사자의 사명감은 그야말로 '봉사의 의지'에 의하여 박물관 활동에서 드러난다.

그에 반해 인턴은 봉사도 아니고 사명감은 개인에 따라 다르겠으나 반드시 사명감이 있다고까지는 말할 수 없다. 이 점에서도 자원봉사자와 인턴 간에는 차이가 있다. *Museum Careers: A Practical Guide for Students and Novices*(Left Coast Press, 2008)의 저자 엘리자베스 슐레터N. Elizabeth Schlatter에 의하면, 서구의 일부 박물관에서는 박물관 홈페이지의 박물관 소개 코너 가운데 〈채용〉 또는 교육부서 페이지에 인턴 모집에 관한 내용을 올리고 있다고 한다. 그러나 이 홈페이지를 접하지 못하는 사람에게는 박물관에서 인턴을 운영하고 있는지 조차 모르게 된다. 슐레터는 박물관의 정규직원 면접처럼 인턴에 대한 면접도 준비할 것을 권장한다. 박물관의 인턴 경험은 박물관에서 일을 하는 것이 평소 소망이었던 '꿈'을·버리고 직업을 바꾸는 계기가 될 수 있다. 박물관 인턴경험은 그들에게 박물관에서 계속 일을 해야 하는지를 결정할 때 중요한 참고가 된다. 박물관 인턴경험이 박물관의 여러 활동이 자신의 성격이나 자질이나 앞으로의 비전과는 맞는지를 실험하는 시간이 되기 때문이다.

똑같이 인턴생활을 하더라도 박물관에서 어떻게 인턴 생활을 하느냐에 따라서 그 경험에서 얻는 성과물은 각각 다를 수밖에 없다. 필자가 근무했던 박물관에서도 인턴을 모집하여 운영하였으나, 인턴과 박물관 직원 간 교류에 한계가 있다는 것을 보았다. 인턴은 박물관에서 교육을 받고 익히는 과정이기도 하기 때문에 박물관 직원들에 의한 인턴 교육 프로그램이 잘 운영되어야 한다. 인턴은 박물관 업무의 실태를 알고 싶은 것이기 때문에 박물관 직원과 의사소통이 잘 이루어져야 한다. 인턴을 위한 교육 프로그램은 박물관 업무의 실제를 중심으로 강의와 함께 현장 실습으로 이루어지게 된다. 박물관 인턴은 인턴 기간 중 혹은 인턴이 끝난 후에 박물관 정규직 채용을 통하여 박물관 정규직원이 되려고 노력하게 된다.

필자는 박물관 인턴 제도를 확대 운영할 필요가 있다고 생각한다. 그 이유는 우리처럼 박물관 전문 인력을 육성하는 대학이 거의 없는 상황에서 준학예사라는 자격증 필기시험에 합격한 후에 박물관 업무를 실습할 기회를 찾아야 한다. 이것을 위해서 국립과 공립박물관에서 인건비 예산을 확보하여 박물관 인턴제도를 폭넓게 운영을 하게 되면 인턴에게는 박물관의 실제에 대해 교육·실습의 기회가 주어져 미래에 박물관 직원이 되려는 꿈을 보다 확고하게 가지게 된다. 물론 그 반대의 경우도 있을 수 있다는 점에 대해서는 앞서 언급하였다.

슐래터가 박물관 인턴을 언급하면서 "너희 인턴 동료와 친구가 되어라. 같은 인턴 생활을 하면서 경쟁하였을지 모르겠으나 그들은 너희의 동료이다. 너는 박물관 세계가 얼마나 좁은지를 바로 알게 될 것이다"(139쪽)라는 것을 깨닫는 것이 중요하다고 말한다. 그렇다. 박물관은 상호 내적 교류를 하고 정기적으로 학술회의에 참가하면서 서로 의견을 나누고 도움을 받게 된다. 다른 직종도 마찬가지이지만, 특히 박물관은 문화유산을 다루면서 상호 유기적으로 업무를 진행한다는 점에서 도움 없이는 박물관 직장생활이 불가능하다.

저자는 박물관을 찾는 사람들과 함께 교육경험을 용이하게 하는 역할을 하는 박물관의 직원을 가리켜 인터프리터 interpreter라고 말한다. 이와는 다르게 박물관투어가이드, 박물관 교사, 도슨트 등으로 불리기도 한다. 저자에 의하면 인터프리터는 전통적으로 "박물관을 찾는 사람들과 정보를 공유한 콘텐츠 전문가"(39쪽)라고 한다. 오늘날에는 인터프리터의 역할은 달라져서 박물관을 찾는 사람들이 그 나름의 의미를 만들며 박물관의 전시 유물(자료)과 전시에 관여할 수 있는 그들 나름의 방식을 찾는 데 도움을 주는 역할(39쪽)을 한다.

그렇다. 저자가 말하고 있듯이 인터프리터의 역할이 권위에서 대화로 변화되었다. 박물관을 찾아 활동을 하는 모든 사람들과 대화를 통해 그들의 박물관 활동이 용이하도록 도와주는 것이다. 저자에 의하면 일부 박물관에서는 인터프리터는 주로 학교와 성인 단체와 함께 일을 한다고 한다. 박물관에 따라서는 박물관의 한 코너에서 임의로 관람하는 사람들과 개인적 또는 가족들과 상호 작용을 한다(40쪽). 필자가 목격한 박물관 가운데 미국의 어느 한 박물관에서는 인터프리터의 역할을 박물관 직원이 하는 것이 아니라, 모니터를 통해 하는 예를 보았다. 박물관을 찾은 사람이 관람을 하다가 궁금한 점이 있으면 모니터를 통해 질문을 하면 모니터에 전문가가 나타나 그에 대해 답변을 한다.

또 필자가 방문한 일본의 모 박물관에서는 전시 공간 여기저기에 책상을 놓고 앉아 있는 박물관 직원에게 박물관을 찾는 사람들이 궁금해 하는 점을 질문하면 현장에서 바로 답변하여 궁금한 점을 풀어준다. 또 일본의 모 과학관에서는 박물관 학예원과의 대화시간을 운영하여 박물관을 찾는 사람들의 박물관 활동을 그야말로 윤활유처럼 용이하게 할 수 있도록 도와주는 역할을 한다. 특히 인터프리터는 박물관의 전시와 교육 등의 분야에서 그 콘텐츠를 중심으로 도우미의 역할을 한다.

자원봉사자, 전시해설사가 인터프리터의 역할을 하는 경우도 있으나, 박물관의 전문인력 즉 큐레이터가 직접 나서는 경우도 있다. 우리의 경우 박물관에서 〈박물관 큐레이터와의 대화〉라는 프로그램을 운영한다. 바로 이것이 인터프리터의 한 예가 된다. 박물관 전시실 관람과 해설에 박물관을 찾는 사람들이 참여하여 박물관 큐레이터로부터 박물관 전시 콘텐츠에 대한 해설을 듣는 프로그램이나 박물관

교육프로그램에서 관련 콘텐츠에 대한 해설을 듣는 프로그램은 바로 그러한 인터프리터의 예가 된다. 이것을 넓은 의미에서 도슨트 프로그램이라고 말할 수 있다. 도슨트는 우리의 박물관에서는 전시해설사로 번역이 되기도 하여 자원봉사자가 그 역할을 하는 경우도 있으나 실제로는 박물관 전문 인력이 도슨트로서 직접 작품 앞에서 박물관을 찾는 사람들과 대화하면서 그 작품을 전문적으로 설명을 한다. 이 인터프리터와 도슨트에 관해서는 필자가 읽고 쓴 『박물관의 전시해설가와 도슨트, 그들은 누구인가』(민속원, 2012)를 참고하기를 바란다.

인터프리터는 당연히 박물관 전문 인력의 한 사람으로서 박물관 콘텐츠에 정통해야 하고 박물관을 찾는 사람들에게 논의와 질문, 여러 기법 등을 통해서 그들의 반응을 보면서 그들의 요구에 적합하도록 노력해야 한다(40쪽)고 저자는 힘주어 말한다. 이 프로그램에서 인터프리터의 역할은 다름 아니라 박물관을 찾는 사람들을 박물관 활동에 참가시키는 바로 그것 가운데 하나이다. 그러한 참여를 통하여 박물관을 찾는 사람들의 박물관 경험은 새로운 것으로 '다시 탄생'하게 된다. 상상해 보라. 박물관 전시 그 자체, 미술관 작품 그 자체가 모든 것을 말해주지 않는다. 예를 들면 미술관 작품을 보고 있는 관람자들에게 그 미술작품이 어떻게 만들어졌고 도구가 어떤 특정 역사 시기에 사용되었는가, 그 작가는 누구인가 등을 설명해 준다면 그들의 박물관 경험은 새로운 것이다. 그 경험은 그들에게 오래 동안 인상 깊게 남아 있을 것이고 이것은 그들의 박물관 경험을 강화하여 그 미술관의 재방문을 유도하게 될 것이다.

또한 박물관의 전시를 박물관을 찾은 사람들이 온전하게 이해할 리가 없다. 그 이유 가운데 하나는 박물관의 전시를 준비하는 과정에 박물관을 찾는 사람들을 참여시키지 않은 그 이상 그 전시를 어느 정도 이해할 것인가를 가름하기는 참으로 어렵다. 그렇다고 박물관전시 준비과정에 모든 사람을 참여시킬 수 없다. 그렇다면 박물관 전시에 대해 예를 들면 전시 내용 가운데 해당 역사 시기에 입었을 지도 모르는 의상을 인터프리터가 입고 설명을 한다면 그 전시를 관람하는 사람들의 이해도와 만족도는 한층 높아질 것임은 물론이다.

인터프리터는 프로그램 매니저와 또 다른 박물관 교육팀 직원이 작성한 요약, 원고나 교육계획 등을 참고하면서 이를 이용할 수 있다(40쪽). 저자는 인터프리터가 되고자 하는 사람은 박물관 미션과 관련한 역사, 미술, 과학, 다른 주제를 논의하기를 좋아하고 사람들과 같이 일하는 것을 선호하며 유연하고 모든 관람자와 함께 일을 할 수 있으며 문제해결에 적극적이어야 한다(40쪽)고 말한다.

박물관 직원 가운데 큐레이터는 박물관 규모에 따라서
는 위계적으로 구성되어 있는 경우가 있다. 저자에 의하면
학예 부서장의 경우 a chief curator 또는 head curator로 불
리고 그 아래로 full curator, 그 밑으로 associate curator, 맨
밑에 assistant curator로 조직된다. 우리의 경우를 위에 비추
어 보면 아무리 큰 박물관이라고 하더라도 head curator가
부장 또는 과장에 해당할 것이고 그 밑으로는 full curator가
학예연구관, 그 밑으로 associate curator가 학예연구사에 해
당할 것이다. assistant curator는 비정규의 학예직이 여기에
해당할 것이다. 같은 학예연구관 가운데 보직을 가진 학예
연구관, 예를 들면 부장 또는 과장의 역할과 그 밑의 학예
연구관의 역할을 보다 명확하게 하여 박물관 기능이 보다
활성화되는 방향으로 개선할 필요가 있다. 한 부서에 학예

연구관 과장이나 그 밑의 보직이 없는 학예연구관이 업무 범위에 차이는 있으나 엄밀히 말해 각각 맡은 업무의 총괄 역할을 하고 있다. 실무를 맡고 있는 학예연구사 위로 총괄의 결재선이 '이중으로 존재'하는 셈이다. 과연 이러한 조직이 어느 정도 과학적인 박물관 경영을 위한 조직이라고 말할 수 있겠는가.

필자의 사견을 피력하자면 외국의 박물관 조직과 한국 박물관 조직 운영의 실태를 비교할 필요가 있고, 그것을 통해서 외국의 박물관에서는 현재 한국의 박물관 조직상 학예연구관에 해당하는 직원의 업무 효율성이 높다는 것이 밝혀졌다면 물론 크게 참고할 필요 또한 있다. 이에 덧붙여서 한국의 박물관에서 과장 등 보직의 학예연구관을 보좌하는 학예연구관은 단순히 그 역할에 그치지 말고 경력과 경험에 토대하여 박물관의 활성화를 위한 업무과제를 수행하는 것이 맞다. 적어도 연간 두 과제를 수행하여 박물관 기능과 역할 개선에 반영하는 조직의 운영이 크게 요구된다.

큐레이터의 박물관 업무 가운데 그 출발은 말할 필요도 없이 소장 자료의 수집이다. 이 수집과정에서 불법적으로 유통되고 있는 자료나 출처가 분명하지 않은 자료들을 분별하는 눈을 큐레이터는 가지고 있어야 한다. 만약에 불법적으로 유통된 자료나 출처가 분명하지 않은 자료를 수집하여 이를 전시했다고 가정하자. 전시하여 이를 일반인에게 내보이는 순간 박물관은 국내외로부터 비난의 목소리를 듣게 된다. 이렇게 박물관은 가장 중요한 큐레이터가 이끌어 가는 것이다. 저자도 이렇게 말한다. "소유자로부터 제2차 세계대전 때 불법적으로 취득했을 지도 모르고 이후에 박물관에 매도되고 기부된 자료에 대해"(47쪽) 그 출처의 확인은 너무나 중요하다.

저자에 의하면 서구의 박물관에서는 컬렉션을 위한 자료 구입예산을 확보하는 것이 상당히 제한적이어서 대부분 기증을 통해서 자료의 확보가 이루어진다(47쪽). 단, 기증의 경우 질이 높은 자료의 수집이 가능할 수도 있겠으나, 박물관의 미션에 맞지 않고 박물관의 수집정책에 부합하지 않는 경우도 있다는 말을 저자는 덧붙인다. 우리의 경우는 규모가 큰 국립박물관에서는 자료 구입 예산이 연간 점차적으로 늘면서 자료 수집 담당 직원은 그 예산 집행에 많은 고심을 한다. 외부의 개인 컬렉터들은 박물관의 이러한 상황을 익히 잘 알고 있고, 박물관에 돈을 받고 팔아넘기려는 자료들의 출처provenance나 이동 경로를 파악하기가 어려운 경우가 있다. 박물관 내부에서는 대개 3차에 걸쳐서 전문가에 의한 심사를 진행하지만, 이 심의가 자료 수집의 절대적인 '보증수표'가 될 수 없다. 더욱이 표준가가 설정되어 있는 것도 아니고 심의에 참여한 전문가에 따라서 박물관에 매도하고자 내놓은 자료의 가치 평가는 다르기 때문이다. 결국은 외부의 컬렉터들은 무엇인가 자료를 손에 넣으면 돈벌이가 된다는 생각에서 불법적으로 유통되는 자료를 수집했다가 곤혹을 당하는 경우도 있다. 거꾸로 이른 바 '세탁이 되어' 국외로 나갔던 자료들이 다시 되돌아와서 유통되는 사례도 있다.

박물관에서 경매를 통해서 자료를 구입하는 경우도 없지 않다. 우리의 박물관 역사상 1909년 11월 1일에 일반 공개된 이왕가박물관은 당장 전시할 자료와 유물이 수집된 상황이 아니었기에 서둘러서 관련 유물들을 구입하지 않으면 안 되었다. 이것이 우리의 박물관 역사상 자료 구입의 역사적 상황이다. 박물관을 장기적인 준비가 아니라, '정치적인 목적'에서 문을 열지 않으면 안 되었던 상황, 즉 순종 황제를 위한 개인적인 오락 공간의 조성에서 시작되었다는 한국의 근대박물관 역사는 그야말로 그 출발부터 정상이 아니었다. 이것은 그 후 한국 박물관 역사에 '오점'을 남기는 전통이 되어 버렸다. 손영옥의 『미술시장의 탄생』(푸른역사, 2020)에 의하면 1905년 을사늑약 이후 한국으로 이주해 온 일본인들 사이에서 전문적인 골동품상이 출현하였고 심지어 이들이 골동상점을 차려놓고 고려자기 등을 거래하였다고 한다. 그렇다면 당시 수요가 있었고 이 수요에 맞게 공급이 이루어졌다는 이야기가 되는 것이고 고려자기의 공급은 당시 도굴이 얼마나 이루어지고 있었는가를 보여준다. 송영옥에 의하면 1905년 이후 "일본인 상인들은 대량 공급을 위해 개성 사람의 무덤을 통째로 구입해서 고려자기를 도굴하는 불법적인 행동을 감행"(136쪽)하기도 했다고 한다. 여기에서 구입을 했다는 것은 무덤의 유족과 거래가 이루어졌다는 것인데 과연 그들 유족의 조상들의 무덤을 쉽게 넘기기에는 말하자면 '후한' 또는 해코지가 두려워서라도 어려웠을 것으로 생각된다. 이러한 거래가 성립된 데에는 그들의 협박이나 압력이 있지 않고서는 도저히 불가능했을 것으로 생각한다. 그만큼 통감부 시기의 상황 하에서 일본인들의 우리의 고려자기에 대한 집착은 대단하였다고 말할 수 있다. 이러한 직접 거래와 판매의 형태를 벗어나서 2차로 재판매하는 경매시장이 형성되기 시작하였다.

서구에서는 보통 유물 수집 목록, 수집 방법 등의 논의는 "전형적으로 소장품위원회collections committee에서 이루어진다"(47쪽). 우리의 경우, 「박물관 및 미술관진흥법」에 따르면 박물관은 박물관운영위원회를 둘 수 있다. 박물관 상황에 따라 박물관운영위원회를 두지 않기에 박물관 관장 이하 직원들의 업무에 관한 계획 보고, 박물관 경영과 관련한 논의 등은 박물관 내적으로 이루어지는 경우가 대부분이다. 그러나 서구의 박물관에서 이사회board of trustees가 박물관 경영에 대해 견제와 지원역할을 하듯이 우리의 경우도 그에 상당하는 박물관운영위원회를 설치하여 '내적 관점'과 외적 시각이 균형을 이루어 박물관의 과학적 경영이 가능하도록 박물관 기능을 조정하는 역할을 해야 할 것이다. 이 박물관운영위원회는 예를 들면 위원장 이하 전시운영위원회, 소장품관리위원회, 박물관교육위원회, 박물관경영위원회 등으로 세부분과를 두어 운영하게 된다. 앞서 언급한 소장품위원회에서 박물관의 큐레이터는 "왜 이 유물이 박물관의 소장 자료로 적절하게 이용될 수 있는가"(47쪽)를 제시하게 된다. 이는 박물관의 미션과 유물 출처 등에 비추어서 박물관 소장 자료 전반에 대한 검토 작업이 된다. 만약에 박물관의 미션이 변경되었거나 출처가 불분명한 자료의 경우에는 유물심의위원회에서 심의하여 처분여부를 결정하게 된다.

저자는 각 전시자료에 대한 큐레이터의 감각과 관점을 "큐레이터의 눈curator's eye"(48쪽)이라고 명명하면서 큐레이터의 눈이 두드러지게 나타나는 때는 전시계획을 수립한 후 "모든 전시자료들을 텅 빈 전시 공간으로 옮겨와 그 물리적 공간에 서로 밀접하게 놓았을 때"(48쪽)라고 말한다. 전시자료를 단순히 배열하는 것은 진열에 불과하고 그것은 전시라고 말하지 않는다. 전시라는 것은 전시 자료의 표상을 통해서 문화의 메시지를 전달하는 행위이다. 그 표상은 큐레이터의 메시지로서 전시자료에 대한 깊이 있는 조사와 연구를 바탕으로 한다.

저자는 이처럼 전시를 담당하는 큐레이터는 박물관 자료에 대한 전문성, 노련한 연구, 작문 소질, 박물관 자료를 취급한 경험, 대중과의 대화능력 등이 요구되고 경력상으로는 학술조사, 영어 외 언어의 구사력, 예술품을 취급한 경험, 행정과 경영에 대한 경험, 큐레이터의 eye로 알려진 시각적 감각, 기금 조성과 기증과 관련한 경력이 요구된다고 말한다. 박물관의 전문인력 가운데 전시 담당 큐레이터는 저자의 표현대로 "매우 경쟁적quite competitive"(49쪽)이다. 이것은 무엇을 말하는가 하면 박물관에서 수집하고 보존 관리하는 박물관 자료를 전시라는 방법을 통해서 문화와 역사를 표상하는 데 중심적인 역할을 하는 박물관 전문 인력이 바로 전시 담당 큐레이터이다. 따라서 전시 담당 큐레이터의 업무 범위가 박물관 자료 취급, 박물관 자료에 관한 조사·연구와 전시 연계 교육 프로그램 관여, 박물관 전시 홍보와 전파 등 가장 넓다고 말할 수 있다.

이런 점에서 박물관 전시는 박물관의 학예 업무가 종합적으로 집결되는 표상행위가 된다. 박물관의 전시 수준이 바로 해당 박물관 인력조직의 특징을 보여준다고 해도 과언이 아니다. 우리의 경우 한 사람의 큐레이터에게 약 8, 9개월의 준비기간을 주고 전시를 개막하도록 '지시'하는 '관행'을 바꾸지 않는 한, 전시의 수준은 향상될 수 없다. 그 관례를 바꾸는 방향은 여러 가지 있을 것이다. 그 가운데 하나로 기본적으로 전시 준비 기간을 충분히 큐레이터에게 주지 않으면 안 된다. 연차적으로 준비가 어느 정도 끝난 전시부터 차례로 개막하면 되는 것이다. 앞서 말한 것처럼 전시는 박물관 활동이 종합적으로 최종 수렴되는 표상행위이다. 그만큼 전시는 공을 많이 들일 수밖에 없다. 흔히 '금 나와라 뚝딱' 식의 전시가 되어서는 그것이 졸작이 될 수밖에 없는 것은 불 보듯 뻔하다. 더 나아가 그것은 박물관을 찾는 사람들이 창의와 정보를 즐기면서 그것을 얻는 공간이 될 수 없어 그들로부터 외면을 당하는 첩경이 된다. 이에 대해 박물관 직원은 아마도 필자의 이런 입장에 공감하고 있을 것이라고 감히 생각한다.

우리의 박물관학 수준은 높지 않아서 서구의 박물관정책에 관한 연구는 전무한 상황이다. 사실 필자는 국가의 학문경영은 아직 멀었다고 생각하는 사람이다. 연구비 '나누어 먹기 식'이 되어서는 국가가 국제적으로 경영될 수 없다. 학문은 국제적으로 빠른 속도로 변하고 있다. 여기에 따라 가거나 먼저 가지 않으면 뒤처질 수밖에 없는 것은 자명하다. 필자도 연구랍시고 하는 입장에 있는 한 사람으로서 노력을 치열하게 못하고 있는 것에 반성을 하고 있다. 더 부지런하게 움직이지 않으면 일본이 현재 '위기'를 맞고 있듯이 우리의 박물관은 무너질 수밖에 없다. 위기의식을 그렇게 못 느끼는 사람들은 보수적 성향이 강하여 현상 유지를 선호하는 이들이다. 바꾸려는 의식보다는 지금도 잘하고 있는데 하여 안주하려는 태도와 자세를 견지하는 사람들이 그들이다. 발전과 진보는 고사하고 썩어가는 줄도 모르고 게으름피고 있는 사이에 우리의 박물관은 맨 뒤에서 허덕이면서 쫓아가려다 보면 과부하에 걸려 고장이 나게 되는 것이다.

서구의 박물관 경영에 대한 비교연구가 절실함을 느끼면서, 저자의 이야기로 돌아가고자 한다. 우리의 박물관 조직 가운데 대체로 비정규직이 담당하고 있는 박물관 소장자료 등록 업무 담당자registrar(레지스트러)는 박물관 자료의 생산자, 일자, 부피, 무게, 재질과 함께 기증인가 구매인가, 출처, 전시 및 대여의 이력, 보험평가, 위치, 상태와 보존과 복원의 이력 등을 정확하게 기재하는 업무를 담당(50쪽)한다. 레지스터는 박물관소장품운영 시스템 상 DB를 이용하여 그 소장품의 이미지와 함께 위에서 열거한 항목들을 확인 조사·기록하고 소장품의 변동이 생겼을 때 그 변동사항을 기록한다. 이를 토대로 박물관 소장품 관리 업무 담당자는 박물관 소장자료 현황에 대한 통계뿐만 아니라, 자료 입수 및 처리 등 자료의 변동 상황을 수시로 체크하게 된다.

우리의 경우 박물관에 따라 상황은 다르겠으나, 박물관 소장품의 보존상태와 위치 등을 확인하여 등록시스템과 대조하면서 소장품 조사를 연중 하게 된다. 즉 표준 소장품 관리 시스템 안에 소장품에 대한 고유번호, 배치 및 위치, 분류 등을 토대로 소장품과 관련한 사항을 기록한다. 저자는 한 예로 1998.22라고 하면 그것은 1998년에 입수되어 등록된 22번째 유물을 가리키는 것이라고 말한다. 하나의 유물(또는 자료)이 2개 부분으로 구성되어 있는 경우에 대해서는 1998.22.1, 1998.22.2라고 표기하게 된다는 것이다. 이러한 고유번호는 담당자가 쉽게 조회할 수 있도록 유물에 부착된 레이블에 인쇄되어 있다(50쪽). 유물의 재질 등 특성을 고려하여 유물 그 자체에 표기하는 경우도 있고 저자가 언급한 대로 인쇄된 레이블을 부착하는 경우도 있다. 레지스터에게 저자도 언급하고 있듯이 대여 혹은 보존처리 등을 위해 소장 자료가 이동하는 경우 정확하게 기록해 두는 작업이 매우 중요하다.

"귀중하고 취약한 대여 자료의 이동 시에 특히 보호자(안내자)의 역할이 레지스터의 책임"(50쪽)이고 자료가 외부로 대여되는 경우 큐레이터 외 전시 디자이너, 자료관리 담당자, 대여 준비 담당자와 협력하여 대여하는 박물관의 전시 공간에 대여 자료가 문제없이 전시가 되도록 협조한다(50쪽)는 저자의 언급에 비추어보면, 우리의 박물관에서는 자료가 외부로 이동할 때 대여하는 박물관에서 자료의 포장·해포·설치에 이르기까지 책임자는 박물관 소장자료 담당 학예관이 된다. 박물관 조직에 따라서는 학예관이 아니라 학예사가 책임을 맡고 있는 경우도 있다. 어쨌든 이 부분은 서구의 박물관과 우리의 상황과는 차이가 있음을 알 수 있다.

우리의 관점에서는 저자가 언급한 과정과 각 직원 간 협력체계가 번거롭게 생각될 수도 있겠으나, 실은 자료가 외부로 대여를 위해 반출될 때 박물관의 소장 자료의 속성을 가장 잘 알고 있는 박물관 직원이 함께 관여하는 것이 합리적이다. 자료를 대여하는 박물관에서는 해당 자료에 대

미국 소장유물센터(cultural resource center)(필자 촬영)

해서 대여자료 소장 박물관보다 구체적인 부분까지 인지를 못할 수도 있다. 저자가 언급한 내용에 대해서는 우리의 박물관에서 참고할 만하다.

　　저자는 덧붙여 우리의 박물관에서 일을 하는 레지스터의 역할과는 너무나 다른 이야기를 하고 있다. 이것은 분명 우리의 박물관 레지스터의 역할과는 판연하게 다른 것이다. 외부의 박물관 또는 단체에서 소장 자료의 대여를 요청하였을 때 해당 박물관의 레지스터는 큐레이터와 협조하여 대여 박물관을 방문하여 시설(예를 들면 온도, 화재, 안전 등)을 체크하고 대여요청 이유가 포함된 공문을 접수하게 된다. 레지스터는 박물관에서 보통 자료 출처 불명 혹은 유실 상황, 위치 확인 등을 위해 자료에 대한 실사를 실시하고 이를 통해 처분이 필요한 경우 이를 요구한다(51쪽). 자료관리 매니저가 우리 박물관에서는 저자가 언급하고 있는 레지스터의 역할을 하고 있는 셈이다. 우리의 박물관에서는 그럴싸하게 박물관 자료를 시스템에 등록하고 있는 담당자를 레지스터라고 부르기도 하여 혼동을 불러오고 있다. 아마도 서구의 박물관 관련자에게 우리는 이렇게 많은 레지스터를 고용하고 있다고 소개한다면 그들이 어떤 생각을 하게 될까 매우 궁금하기도 하다. 하긴 저자에 따르면 대규모 박물관에서는 여러 명의 레지스터가 활동하고 있다고 한다. 그러나 우리의 박물관과 확연한 차이는 우리의 경우 문자 그대로 레지스터는 등록 업무에 주로 집중하고 있다는 점이다. 물론 소장 자료 상황이나 통계업무에도 관여를 한다. 그러나 저자가 말하는 그 레지스터의 역할은 아니다. 저자는 레지스터가 되고자 하는 사람은 꼼꼼한 성격에 DB 사용이 능숙하고 유물 자료를 취급한 경력을 가지고 있으며 일시에 많은 프로젝트를 수행할 능력을 갖고 있고 세관 통과와 관련된 업무를 숙지하고 있으며 외국어를 구사할 수 있어야 한다(51쪽)고 말한다. 여기에다가 레지스터는 수장고에서 장시간을 보낼 수 있는 사람이 최적(52쪽)이라는 말도 빼놓지 않는다.

저자도 이렇게 말한다. 박물관에서 레지스터와 자료 관리 매니저는 한 사람이 담당한다고 한다. 그런데 저자는 앞에서 많은 프로젝트를 동시에 수행할 수 있는 능력이 레지스터에게 요구된다고 말했으나, 그렇다고 하더라도 입수되는 자료가 계속 증가하고 있는 상황에서는 과부하에 걸릴 수 있다. 아마도 저자가 말하는 레지스터가 여러 프로젝트를 수행해야 한다는 그 상황은 아마도 '계속 증가'하고 있거나 아니면 '미등록된' 자료가 많이 있는 경우가 아닐 것이다.

저자는 대규모 박물관에서는 레지스터의 업무와 컬렉션 매니저의 역할이 구분되어 있다고 말한다. 즉 레지스터는 컬렉션과 관련한 기록 데이터의 관리, 컬렉션 매니저 collection manager는 컬렉션 관리에 보다 직접적인 역할을 수행하여 컬렉션의 물리적 상태가 유지되는 데 노력한다. 박물관에 보존 처리 전문가가 있는 경우 컬렉션 매니저는 그와 협력 체계를 유지한다. 그러나 박물관에 보존 처리 전문가가 없는 경우에는 외부의 보존 처리 전문가와 협력하여 그들의 보존 처리 업무를 감독하게 된다. 또 컬렉션 매니저는 큐레이터들과 협력적으로 업무를 진행하게 된다. 우리의 경우 컬렉션 매니저와 큐레이터가 업무적으로 협력이 상호 필요한 부분은 대개 큐레이터에 의하여 전시를 준비하

박물관 유물 이동 전용 엘리베이터(필자 촬영)

고 개막하는 과정에서이다. 전시를 위한 자료 목록이 시스템에서 결정되면 전시 담당 큐레이터는 그 해당 자료의 박물관 내적 대여과정을 밟게 된다. 이 때 큐레이터는 컬렉션 매니저에게 협력을 요청하게 된다. 또 큐레이터 가운데 박물관 교육 담당의 경우 컬렉션 매니저에게 박물관 교육용 자료를 제작할 때 그 저본이 되는 박물관 자료를 임시적으로 박물관 내 대여과정을 거치게 되는데 이 상황에서 교육 담당 큐레이터는 컬렉션 매니저에게 협력을 요청하게 된다.

저자는 컬렉션 매니저에게 요구되는 자질을 언급하는 부분에서 컬렉션 매니저는 박물관 자료와 장시간 보내야 하고 절차 수립과 시행에 능숙하여야 하며 특히 "박물관 자료 관리는 행운에 맡길 수 없다는 신념"(52쪽)을 가지고 있어야 한다고 강조한다. 또 컬렉션 매니저는 자료의 물리성 및 유일성에 대한 깊은 이해와 함께 "작업복 차림의 근무"(53쪽)를 하게 된다고 말한다. 필자가 박물관 생활을 하는 과정에서 컬렉션 매니저 업무를 담당하는 직원이 여성의 경우라면 하이힐 차림에 정장, 남성이라면 정장에 신사화의 모습을 목격하고 박물관직원에 대한 재교육 프로그램의 필요성을 절감하였다. 그 날 무슨 특별한 행사 진행을 위한 차림이 아니고서야 박물관 생활은 '멋'이 정말 필요 없는 직업의 특성을 가지고 있다. 그래서 저자도 굳이 이 부분을 언급하고 있는 것이라고 생각한다.

저자는 컬렉션 매니저에게는 다음과 같은 기술 및 경험이 요구된다(53쪽)고 한다. 컬렉션 매니저에게는 세심한 고려와 양심 외에 협력적 태도로 업무를 추진할 수 있는 능력, 문제를 해결하는 기술 등이 요구되며 석사학위와 그에 상응하는 학위도 요구된다(53쪽)고 덧붙여 말한다.

저자가 박물관 전문 인력에게 요구되는 자질과 경력(또는 경험) 등을 언급하는 과정에서 전문 인력의 업무 수준 등을 고려하여 학사 학위부터 석사 학위까지 요구된다고 한다. 우리의 경우, 앞으로 검토를 구체적으로 해야 하겠으나, 박물관 전문 인력을 자격증 주듯이 누구나 응시할 수 있는 준博학예사 자격시험을 통하여 육성하고 있는 현실은 정부에서 박물관을 바라보는 시각이 어떠한지를 단적으로 보여준다.

저자는 다음으로 아키비스트archivist를 "큐레이터의 역할과 공통적"(53쪽)이라고 하면서도 큐레이터의 역할과 구별된다는 점도 언급한다. 아키비스트는 큐레이터와는 달리 박물관 자료보다는 주로 문서를 취급한다. 저자는 아키비스트가 취급하는 아카이브에 대해,

> 미술, 유물, 여러 종 또는 살아 있는 컬렉션을 소장한 박물관에서 아카이브는 그 기관과 관련한 역사적인 문서를 가지고 있을 것이다. 이 경우 그 아카이브는 도서관과 결합되고 그 소장품은 컬렉션의 부분으로 생각하지 않는다.
>
> _ 53쪽

그럼에도 역사학회, 박물관과 도서관의 혼합의 대통령관大統領館처럼 아카이브는 컬렉션이다. 이 기관은 공공도서관이나 대학도서관보다 박물관과 공통적이라고 본다. 그렇다면 아키비스트는 큐레이터와 같은 역할을 하게 되는 것이다. 이처럼 도서관과 아카이브는 유사하기도 하지만 차이점도 있다고 저자는 말한다. 즉 아카이브는 역사적으로 중요하여 드물고 희귀한 문서들을 가지고 있어 영구보존하고 있다. 그러나 도서관은 아카이브와 같은 기능을 하는 컬렉션의 하부에 "약간 희귀한 책"(53쪽)을 가지고 있긴 하나 대부분 도서관 자료들은 사용할 수 있고 그 자료들이 유용한 기간 동안에만 보유한다(53쪽). 아키비스트는 아카이브 중심의 박물관에서 박물관 자료 연구와 그것들에 대한 기술, 대중들과 그것을 공유하기 위한 전시, 구매 또는 기증 자료에

대한 평가 등의 업무를 담당한다. 저자는 이들에게 요구되는 자질로 아카이브에서 특정 영역을 전공하고 희귀, 부서지기 쉬운 자료를 적절하게 취급할 수 있으며 창의적 연구뿐만 아니라 타 연구자와 협력할 수 있어야 한다(54쪽)고 말한다. 또한 저자는 이들에게 요구되는 경력으로서는 컬렉션 취급의 경력, 그에 대한 보존 업무 경력, 데이터베이스의 경력과 함께 아카이브 연구와 정보학에 관한 깊은 이해가 요구된다고 말하고 있다.

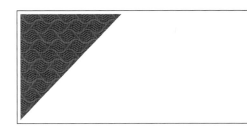

  저자는 전시와 관련하여 전시의 물리적 환경을 개념화
하는 중요한 업무를 담당하고 있는 전시디자이너의 역할에
주목한다. 전시는 박물관에서 팀을 구성하여 분업의 방식으
로 상호 협력에 의하여 진행이 된다. 이 팀 가운데 전시를
기획하는 큐레이터는 전시 유물을 측량하고 유물의 크기와
중량·특성과 속성 등을 고려하면서 전시 기법을 고민하며
전시 자료에 대한 해석을 하게 된다. 그러나 여기에서 해석
은 전시 자료에 대한 깊은 연구 성과를 토대로 이루어지게
되지만, 전시에 따라서는 전시를 관람하는 사람들에게 여러
창의력과 상상력을 불러일으키도록 해석은 유보하는 경우
도 있다. 전시를 기획할 때 가장 중요한 포인트 가운데 하나
는 목표 관람자를 어떻게 설정하고 설정한 이후에는 이들의
관람 성향이나 박물관에서의 행동 등에 관한 연구 성과들

을 조사하고 전시 기법과 기획에 참고할 필요가 있다. 최근
에는 박물관 전시 기획에 설정한 목표 관람자들을 참여시키
는 방안도 이야기되고 있다. 필자는 자클린 에델망, 멜라니
루스탕 외 지음 / 이보아 · 조예술 옮김 『프랑스 박물관 정
책과 관람객』(북 코리아, 2020)에 「5부 참여박물관학 : 전시 기
획에 관람객 참여시키기」라는 목차가 눈에 띄어 통독해 보
았다. 보통 박물관에서 경계의 눈초리로 바라보거나 아니면
그들의 행위가 박물관 소장품에 안 좋은 영향을 끼치지는
않을까 하여 박물관을 찾는 사람들을 늘 살펴본다. 박물관
에서 그들을 조사하거나 연구하는 경향은 두드러지지 않다.

　필자가 아는 한, 앞서 언급했듯이 미국의 스미소니언박
물관 조직 내에서는 visitor studies가 활발하게 진행이 되
고 있는데 그 연구 성과들을 다운로드하여 읽어 본 적이 있

다. 필자는 1999년 이후 박물관 생활을 시작하면서 박물관을 찾는 사람들에 대해 관심을 가지고 이와 관련한 문헌을 읽고 졸저 『한국박물관 역사 100년』(민속원, 2008)에서 그 조사방법론을 소개한 적이 있다. 『프랑스 박물관 정책과 관람객』에서도 박물관은 관람객에게 관심이 없다는 점을 지적하고 있다.

박물관은 박물관을 찾는 사람들과 함께 만들어가는 것이기에 만약에 이들을 외면하거나 이들에게 관심이 없게 되면 그 박물관은 존재의 명분을 잃고 무너지게 된다. 박물관의 주인공은 문화유산을 만든 일반인들이기에 박물관의 시선은 박물관을 찾는 사람들 또는 잠재 관람자에게 향하고 있어야 한다. 여기에서 간과해서는 한 가지가 있다. 박물관이 소장하고 있는 자료(또는 유물)의 주인공이 바로 박물관을 찾는 사람 가운데 있을 수 있다는 점이다. 그들의 선조들이 만들어 후손들과 함께 사용해 왔던 바로 그 자료를 박물관 전시 공간에서 박물관을 찾은 그들이 보았을 때 흥분하지 않겠는가. 그들의 관점과 시각에서 그 자료에 대해 이야기하고 싶어 할 것이고 만약에 전시되어 있는 바로 그 자료에 대한 설명이나 해석이 그들의 생각과 다를 때는 박물관은 어떠한 입장을 취해야 하는가.

필자가 아는 한, 미국의 모 박물관에서 인디언 문화 전시를 준비하는 과정에서 인디언이 아닌 큐레이터가 그 나름대로 인디언 문화를 해석하였으나, 인디언은 그러한 해석을 그들이 바라보는 시각이 아니다 하여 전시가 개막되지 못한 사례가 있다. 그 후로 그 박물관의 큐레이터에 인디언 사회 출신을 채용하였다. 마찬가지로 박물관 전시 공간에 그들과 관련된 자료가 있는데 다른 해석과 설명이 되어 있는 상황을 접했다면 그들은 어떠한 느낌을 받을까. 바로 이 점에서 박물관 전시기획에 박물관을 찾는 사람들을 참여시켜야 하는 이유가 분명해진다. 그것이 말하자면 참여형 박물관의 모습이다. 니나 시몬Nina Simon은 2010년에 참여형 박물관을 다룬 *The Participatory Museum*(Museum 20)라는 책을 발간했다. 각국의 여러 박물관에서의 사례를 제시하면서 박물관을 찾는 사람들이 박물관과 여러 형태로 협업하는 상황을 살피고 있다.

전시디자이너는 전시 자료 가운데 박물관을 찾는 사람이라면 꼭 보았으면 하는 유물은 일반 동선과 병목이 이루어지지 않는 공간에 위치하도록 배려할 필요가 있고(58쪽), 학교에서 단체로 박물관을 찾는 경우에는 집합 장소나 휴식 공간의 조성 외에 중요 유물을 볼 수 있도록 예를 들면 키가 작은 학생에게는 발판을 준비해 줄 필요가 있다는 점을 저자는 강조한다. 필자는 여기에 덧붙여 우리의 박물관은 교육적 기능을 충분히 할 수 있도록 박물관의 전시 공간을 구성할 필요가 있다고 생각한다. 즉 박물관 전시 공간에서 학생들이 충분한 시간을 갖고 '역사적 상상'을 하면서 메모도 하고 스케치도 하면서 동료 학생들과 이야기를 나누고 의문점에 대해서 전시 공간에서 활동하는 도슨트에게 질문하여 답을 얻는 활동이 이루어질 수 있도록 학습 간이 목

누구에게 설명을 듣느냐에 따라 느낌은 다르다

판을 설치한다든가 전시 공간의 조용한 구석에 인터액티브 interactive 또는 핸즈 온hands-on이 가능하도록 공간을 조성할 필요가 있다.

저자는 전시디자이너가 갖추면 좋은 자질로서 전시 주제의 개념에 기초한 3차원 공간을 시각화할 수 있고, 시각적 기획의 여러 방식에 익숙하며 동료 외에 계약자들과 팀 조직과 협력이 요구되며 여러 스트레스가 있는 환경 하에서도 능숙하게 업무를 수행할 수 있는 자세가 요구된다고 한다.

우리 박물관에서도 저자가 말하는 프리퍼레이터preparator 가 있으나, 딱히 그 프리퍼레이터에 대한 호칭은 없고 전시 팀 직원들이 모두 맡아서 한다. 이 일은 전시 개막 직전에 유물을 전시하고 이와 관련된 설치물들을 이동 고정하며 모니터 외 관련 장치들을 설치하고 전시가 끝나고 철거할 때에도 마찬가지로 전시팀 직원 모두가 이에 종사한다. 그러나 저자의 언급대로라면 서구의 박물관에서는 프리퍼레이터라는 역할을 하는 직원이 따로 있는 것같다. 저자에 의하면 그에게는 적극적이고 유물(또는 자료)을 직접 다루는 일을 좋아하고 꼼꼼한 성격과 태도를 가지고 있으며 무겁고 부피가 있는 물건을 운반할 수 있는 체력을 소유하고 있고 문제를 해결하는 데 능숙할 필요가 있으며 다양한 업무 수행을 즐기는 것이 요구된다는 것이다. 박물관에서는 이 프리퍼레이터로서 일하는 사람은 남성이 많고 중소 규모의 박물관에서는 외부 용역의 방식을 취하는 것이 일반적이라고 한다. 즉 외부에서 이른 바 개인 프리렌서로서 입찰하여 청구서를 작성하고 일정 수립을 세워 박물관 개막 전 설치와 폐막에 따른 철거 때 책임을 가지고 설치 및 철거 작업에 종사하게 된다. 그러나 박물관 입장에서는 이들과 큐레이터가 협력적으로 이 일을 할 필요가 있다.

또 우리 박물관에서도 저자가 말하는 마운트 메이커mount maker의 역할을 하는 직원이 있다. 그러나 저자가 말하는 것처럼 우리의 경우는 독립적으로 이 일만 하는 경우는 매우 드물다. 전시 자료가 훼손이 되지 않도록 예를 들면 벽 상자 안에 동전을 전시한다고 할 때 각 동전의 크기가 다르기에 갈고리를 맞춤 주문하여 상자 뒤에 부착하고 상자 벽에 동전에 위치시키고 작은 거울을 각을 달리하여 동전 뒤에 매달아 동전 뒷면을 보여주는 전시기법이 요구될 때 이러한 전시 기법(62쪽)에 요구되는 장치들을 만드는 일에 종사하는 사람이 바로 마운트 메이커이다.

　저자에 의하면 마운트 메이커는 공예 장인이라고 한다. 즉 각 마운트가 바로 예술품이고 공학engineering의 기예이다. 마운트를 만들기 위해 여러 다양한 물질과 재료를 다루는 데 익숙해야 한다고 저자는 말한다.

　큐레이터와 함께 박물관에서 큰 축의 역할을 하고 있는 직업에는 박물관의 유물에 대한 보존, 수복 등의 업무를 담당하고 있는 보존 전문가가 있다. 큐레이터가 유물에 대한 보존 및 수복 등의 업무를 담당하지 않는다. 이들은 박물관을 찾는 사람들이 쉽게 접근할 수 없는 공간에서 업무를 수행한다. 그러나 박물관에서 이들의 존재가 없으면 결국에는 외부의 보존 전문 업체에게 의뢰를 하게 된다. 박물관에서 보존을 위한 시설을 구비하고 있지 않으면 박물관의 내부 소장 유물을 밖으로 반출하여 보존 업무를 진행하게 된다. 유물 이동에 따른 리스크도 고려해야 한다.

　우리의 경우 박물관에서 보존과학 전공자들을 채용하기 시작한 것은 1990년대에 들어서이다. 그렇다고 한국에서 보존과학이 시작한 것도 1990년대부터라는 의미는 아니다. 연구(강대일, 『보존과학, 기억과 가치를 복원하다』, 덕주, 2022)에 의하면 18세기 유럽에서 문화재에 대한 보존과학의 필요성이 제기된 이래 1888년에 독일 왕립베를린박물관에 라트겐Friedrich Rathgen이, 1921년에 런던박물관에 알렉산더 스코트Alexander Scott가 각각 채용되면서 보존 관련 부서가 생겼다. 우리의 경우 일제의 조선 강점기에 일제에 의한 고적발굴로 출토된 유물에 대한 보존과학에 토대한 보존처리는 부재하였고 다만 출토유물에 대한 먼지와 흙 정도를 클리닝cleaning하는 수준이었다. 석조물에 대해서는 시멘트와 콘크리트를 사용하여 수리하는 정도였다. 19세기말부터 일본은 서구의 근대적 보존개념을 도입했다(강대일, 위의 책)고 하지만, 식민지에서는 초보적인 단계의 수리와 보수 정도에 그쳤다.

광복 후 1960년대 경제개발과 관련한 건설로 문화재에 대한 보존의 필요성이 대두되어 1968년 4월 박정희 전 대통령의 지시로 문화재의 과학적 보존방안이 연구된 이래 1969년에 문화재관리국의 문화재연구실 안에 보존과학반이 설치되면서 국가 차원에서 본격적으로 문화재에 대한 보존과학의 업무가 시작되었다. 무령왕릉과 천마총 발굴 등을 계기로 1975년에는 문화재연구소 안에 보존과학연구실이 설치되기에 이르렀다. 그리고 1980년대에 문화재연구소는 건조기, 압축강조측정기, 정밀분사가공기, 현미경, 원자흡광분석기, 형광X선 분석기, X선 회절분석기 등 최신 기자재를 구비하게 되어(강대일, 앞의 책) 문화재에 대한 보존과학의 토대가 마련되었다.

최근에는 대학의 학과 이름에도 문화재보존이라는 타이틀을 붙인 학과가 설치되어 있다. 고도라고 할 수 있는 웅진(공주)과 사비(부여)에 각각 국립의 공주대학교와 한국전통문화대학교가 있고, 사립대학으로는 신라의 경주대학교, 용인대학교에 문화재보존학과가 설치되어 있다. 그러나 필자는 종합대학 내 예술대학 안에도 적어도 문화재보존학과가 설치되는 것이 필요하다고 생각한다. 왜냐 하면 예술대학내 회화, 조각, 공예 등에 대한 보존과학의 이론과 실습이 함께 이루어져야 한다고 생각하기 때문이다. 여기에 화공학과, 금속공학과, 생물 관련 학과의 교과과정에도 문화재보존과목의 교육이 요구된다.

한편, 박물관에 보존과학 전공자가 채용되기 시작한 것은 1990년대로 박물관에 보존을 위해 채용한 학과는 주로 화학, 금속공학, 생물 등을 전공한 사람들이었다. 그만큼 초창기에는 보존의 전문화가 되었다고 말할 수 없다. 규모가 작은 박물관에서는 보존을 위한 직원을 채용하는 것은 현실적으로 어렵다. 적어도 대규모 국립박물관, 기업이 설립한 리움박물관, 호암미술관이나 사립미술관으로서 간송미술관 등에서 자체적으로 보존시설을 갖추고 박물관의 유물 보존에 대응하고 있는 실정이다. 또 각지에 문화유산 조사와 발굴 등의 업무를 수행하기 위해 설립된 문화재재단 등 단체에서는 의무적으로 보존과학 전공자를 채용하여 발굴 유물들에 대한 보존처리를 수행하고 있다. 보존과학 전공자 가운데 박물관의 미션에 따라서 보존의 영역이 정해진다. 문화재의 재질에 따라서 석재 보존, 지질 보존, 도자 보존 등 각각의 전공영역별로 채용이 된다. 앞서 언급한 박물관의 미션에 따라서 보존 영역이 정해지기에 보존과학을 전공했다고 하더라도 박물관 취업은 다를 수밖에 없다.

박물관의 존재 이유 가운데에는 가장 우선적으로 인류의 문화유산을 수집하고 보존하는 데에 있다. 따라서 보존한다는 것은 다름 아니라 문화유산의 속성을 면밀하게 조사하고 연구하여 훼손된 문화유산을 '복원'하는 작업인데 이것은 과학적이어야 한다. 아마추어가 하듯이 그야말로 귀중하고 대체 불가능한 문화유산을 '영구적으로 복원이 불가능'하게 '복원'해서는 안 된다. 박물관의 큐레이터에게도 전문성이 크게 요구되지만, 보존 전문가에게는 뚜렷하게 과학적인 이론과 방법, 그리고 기술이 크게 요구된다. 그것은 역사적으로 제작된 문화유산의 창작자의 입장에서 재질부터 기법에 이르기까지 여러 요소들이 조사·연구된 이후에 복원방법과 절차가 결정된다.

국제박물관협의회ICOM 위원회 가운데에는 보존위원회ICOM-CC(the International Council of Museums Committee for Conservation)가 있어서 보존과학에 관한 이론, 절차 등을 연구하고 이를 공유하고 있다. 미술관 소장품 가운데 미술작품의 박락이나, 변색, 균열 등을 막기 위한 조치를 위해 그 원인을 우선 분석하는데 해당 미술작품이 그려진 당시에 사용된 안료나 기법 등을 조사하여 그에 대한 답변을 얻었다고 하더라도 복원 당시 안료가 이미 존재하지 않게 되면 완벽한 복원을 기대하기는 어렵다. 이처럼 박물관에서 수집·획득한 유물은 바로 수장고로 격납·분류되어 제자리를 잡을 수가 없다. 이렇게 되기까지에는 몇 단계를 거치게 된다. 박물관의 유물로 최종 결정된 이후 보존처리 유무를 살피고 보존 처리가 필요하다고 판단된 경우에는 간단한 소독(훈증)과 클리닝 후에 보존처리의 상황을 분석한 후 내외부의 전문가에게 맡기게 된다. 박물관의 큐레이터와 교육 담당자는 보존처리 담당자와 긴밀한 협조 하에 움직이게 된다.

박물관을 찾는 사람들에게는 박물관에서 일을 하는 보존 담당자들이 잘 보이지 않겠으나, 박물관 직원들 사이에서는 박물관이 역할을 하기 위해서는 없어서는 안 되는 존재이다. 이들은 박물관의 뒤 무대, 즉 박물관의 수장고와 가까운 곳에 있는 보존실에서 수장고의 격납을 기다리고 있는 유물들을 '치료'하고 있다. 이들은 박물관에서 유일하게 보존과학자들이다. 따라서 박물관의 직원 가운데 실무의 두 기둥은 소장품 관리를 담당하는 직원과 소장품을 활용하여 전시하고 교육하는 직원들이다. 그 어느 하나가 빠져서는 박물관의 기능은 멈추게 된다. 선장에 해당하는 관장이 있어도 소용없게 된다. 박물관에서 가장 중요한 요소는 소장품과 인력과 예산인데, 그 어느 하나도 빠져서는 안 되는데, 인력 가운데 또 가장 중요한 것은 실무를 담당하는 전문 인력들이다.

저자는 보존을 언급하는 자리에서 보존과학자conservator, 보존기술자conservation technician, 틀 제작자framer를 중심으로 소개한다.

밖에서 보면 박물관에서 근무하는 전문 인력이 '핑크빛'처럼 낭만적으로 보일 수도 있으나 실제의 현장에서는 그렇지 않다. 육체적인 노동을 하는 경우가 많다. 왜냐 하면 박물관이 소장하고 있는 유물을 관리할 때 특히 이동 시에는 유물운반규정에 따라서 그 유물에 훼손이 일어나지 않도록 최선을 다해야 하기에 고도의 집중력과 경우에 따라서는 육체적인 힘을 요구한다.

저자는 박물관의 보존 업무 담당자를 "유물을 복원하고 restore 수복하며repair 예방적 유지preventative maintenance를 수행하는 전문가"(65쪽)라고 정의한다. 여기에서 언급한 복원한다(restore)는 것은 가능한 한 원래의 상태로 되돌리는 것을 말한다. 이 복원 작업에는 유물을 클리닝하고 일부 멸실

된 색료를 채우고 정확하게 수행되지 않았거나 시간이 지나면서 악화된 과거의 복원을 제거하는 일이 포함된다(66쪽). 수복한다repair는 것은 예를 들면 오래되었거나 해충으로 감염되었거나 잘못 다루어 훼손되었거나 자연재해로부터 피해를 받은 등의 이유로 유물이 입은 피해를 메우는 것이다. 또 예방적인 유지preventative maintenance라는 것은 "더 이상의 훼손을 막기 위해 긴급하지 않은 상태를 전하는 과정"(66쪽)이다.

앞서 언급한 것처럼 기술이 발전하면서 보존과학도 진화했다. 따라서 박물관에서의 보존 업무 담당자는 이렇게 변화하는 보존 기술에 관한 이론과 실제를 업데이트하려고 노력해야 할 것이다. 박물관에서 보존에 관한 내규는 언제든지 변경될 수 있다.

저자는 복원 담당자가 유물의 복원시 유의해야 하는 "최소한의 간섭the minimum intervention"(66쪽)의 예를 다음과 같이 들고 있다. 잎 달린 나무의 풍경화에서 그 색깔이 사라졌다고 하면 복원 담당자는 "잎의 형태를 재생하려고 할 것이 아니라 그 환경에 가깝게 맞는 색깔로 그 영역을 채울 수 있을 것이다"(66쪽)라고 말한다.

저자도 언급하고 있듯이, 서구에서도 거의 보존실을 갖추고 있지 않다. 필자가 앞서 말했듯이 우리의 경우도 박물관마다 보존실을 구비하고 있지 않다. 장비부터 시작하여 인력확충과 예산확보가 수반되기에 현실적으로 여건을 갖추기가 쉽지 않다. 그러나 여기에서 중요한 문제는 소장 유물에 대한 보존정책에 있다. 보존의 중요성은 충분히 인식하고 있으나, 현실이 뒤따라주지 않는다고 하여 수집 및 획득 유물에 대한 보존을 포기할 수는 없다. 아주 기본적으로 보존실을 설치하지 못한다고 하더라도 보존에 관한 예산은 확보해야 하는 현실이다. 필자는 이렇게 생각한다. 여건이 충분히 못하여 보존에 많은 고민을 하고 있는 박물관을 위해 국립문화재보존센터(가칭)의 설립을 제안한다.

규모가 크고 예산이 충분한 박물관의 경우는 저자가 지적하고 있듯이 수집유물의 각 재질별 보존 담당자가 채용되어 예를 들면 미국의 게티박물관the Getty Museum처럼 4개 부서에 25명의 보존 담당자가 지질류, 회화, 섬유 외 유물에 대한 보존을 수행하고 있다(66쪽). 서구에서는 보존실이 갖추어진 대규모 박물관이 그 지역 보존실이 없는 박물관에게 보존센터의 기능을 하고 있다.

우리의 경우도 이렇게 할 수 있을 것으로는 생각할 수 있으나, 보존실이 있는 박물관에서도 인력이나 예산이 그렇게 넉넉한 상황은 아니어서 서구에서와 같이 할 수는 없다. 저자에 의하면 서구에서도 박물관이 보존실을 갖추고 있다고 하더라도 모든 수집품을 다 처리할 수 없어, 이를 전문적으로 보존처리할 수 있는 외부의 전문기관에 맡기는 경향이 있다.

박물관에서 보존 업무 담당자는 오로지 보존처리에만 매달리는 것은 아니다. 저자에 의하면 그들 업무는 다양하여 그 가운데에는 행정적 업무도 포함된다. 이는 너무나 당연한 것인데, 예를 들면 "컨디션 리포트와 처리 계획 작성, 보존 담당 부하 직원 감독, 예산"외에도 큐레이터가 박물관에서 수집하기로 결정한 예정 유물의 상태에 관해 보존 담당자와 상담하는 경우, 이에 대한 평가를 해야 한다. 또한 다른 박물관에 소장 유물을 대여할 때 그 유물이 대여 박물관에 안전하게 도착할 수 있도록 그 계획을 세운다. 타박물관에서 소장유물을 대여하여 전시를 하기 위해 유물이 반출되는 경우에 해당 박물관의 전시실의 보존환경을 체크하기 위하여 사전에 그 박물관에 출장을 가서 컨디션 보고서를 작성하여 보고하게 된다.

박물관 직원들은 흔히 인사이동에 의하여 박물관의 각 부서에서 근무를 하게 되는데, 유일하게 박물관의 보존 부서의 직원들은 '고정적'이어서 한 부서에 장기적으로 근무를 하게 된다. 그만큼 박물관에서 전문성을 크게 인정받고 있는 것이 박물관의 보존 전문가들이다. 이들에게 경우에 따라서는 보존 관련 전시를 기획하라고 한다면 방향설정이 잘못된 것이라고 생각한다. 보존 관련을 주제로 전시 개최를 기획하는 것은 당연 전시팀이 되는 것이고 전시팀은 기획하는 과정에서 보존 업무 담당자들과 긴밀한 협력이 이루어지게 된다. 전시를 해 본 경험이 없는 보존 업무 담당자에게 전시를 해 보라고 하면 어찌 어찌 할 수는 있겠으나, 전체적으로 보면 그 전시 평가는 낮을 수밖에 없다. 그렇다고 보존 업무 담당자들에게 전시기획에 관한 업무를 익히라고 주문할 수는 없다. 전시 역시 그 전문성이 드러나야 하기 때문이다.

　저자는 당연한 것을 이렇게 말한다. 보존 담당자는 어떤 특정한 유물이 선택된 처리방식에 어떻게 반응할 것인가를 알아야 한다고 이야기한다. 즉 여러 가지 용매, 페인트, 접착제 등을 사용하여 보존처리할 때 해당 유물에 대해 알아야 한다고 당연한 주문을 한다. 구체적으로 이런 예까지 든다. 어떤 원고를 보존처리하기 전에 그것이 언제 어디서 만들어졌고 그 때 그 장소에서 사용된 재질이 무엇이었고 작가의 스타일과 목적에 대한 실마리가 있는지를 알아야 한다는 것이다(67쪽). 필자는 보존처리를 해 본 적이 없으나, 어떤 유물의 출처나 그 내력을 당장 파악하기 어렵게 되면 난감하겠다는 생각이 든다. 저자는 "그 유물에 대해 관련 데이터베이스 기록이 있을 수 없거나 자료를 이용할 수 없다면 연구하여 추측할 수 밖에 없다"(67~68쪽)고 말한다. 그러나 필자가 생각하기에는 추측한다는 것은 위험하지 않을까 한다. 왜냐 하면 추측에 기반을 하여 보존처리했을 경우 그 결과를 신빙할 수 있는가.

　장래에 보존 전문가를 희망한다면 훈련의 특정한 과정을 밟아야 하는데, 예를 들면 미국역사 및 예술품 보존기구 AIC(American Institute for Conservation of Historic and Artistic Works)에서는 매년 소수의 학생을 받아들이는데 여기에는 단지 8개의 석사학위 프로그램을 운영한다. 여기에 지원하기 위해서는 일정하게 학부 졸업의 조건을 충족해야 하고 보존학과에서 인턴쉽 또는 어시스턴트의 경력이 필요하다. 그리고 그 결과물도 함께 제출해야 한다.(68쪽) 이처럼 박물관에서 보존 업무를 담당하기 위해서는 여러 훈련과정을 거쳐야 한다. 저자는 박물관에서 보존 업무를 희망하는 사람은 "화학, 역사, 미술사, 고고학과 다른 관련 분야에 관심이 있고 상세하고 디테일하며 손으로 하는 작업을 선호하며 침착한 성격과 함께 독립적으로뿐만 아니라 팀의 한 사람으로 역할을 하고 장시간 한 프로젝트에 집중할 수 있고 공식, 비공식적이든 가르치는 것을 즐기는 타입"(68쪽)이 맞다고 말한다. 또 박물관에서 보존 업무에 종사하고 싶은 사람이 명심해야 할 점으로,

> 이 분야는 매우 경쟁적이다. 보존 처리 직원을 가진 박물관의 수가 제한적이다. 그러므로 보존 업무 담당자는 그들의 기관에서 장기적으로 근무하는 예가 많다. 이것이 여러 면에서 일종의 특혜로 비추어질 수 있으나 그것은 또한 재배치 측면에서 유연성이 거의 없을 수 있다는 것을 의미한다.
>
> 보다 유연성을 갖기 위해서는 예비 보존 전문가는 그들의 경력에서 컨설턴트로 일을 하는 것, 보존을 필요로 하는 작은 업무를 맡는 것이 편안한가를 고려해야 한다.
>
> _ 69쪽

다음으로 저자는 보존 기술자를 "보존 업무 담당자conservator를 돕는 직원"(69쪽)이라고 말한다. 따라서 보존 기술자는 보존 업무 담당자의 감독을 받으며 일을 하게 되는데,

구체적으로 보면 소장 유물을 정리하고 프로젝트나 보존 처리 대상 유물을 준비하기도 하고 자신이 일부 보존처리를 하기도 한다. 여기에서 말하는 일부 보존처리를 한다는 것은 예를 들면 클리닝이나 섬유 뒤에 붙은 헝겊 조각을 꿰매는 일을 저자는 언급하고 있으나, 이것은 하나의 예에 불과한 것이고 그 업무는 박물관 상황과 개인 능력에 따라 변하게 된다. 그러나 변하지 않는 것은 보존 기술자의 업무는 박물관의 보존 업무 담당자의 '보조'라는 점이다. 따라서 양자의 긴밀한 협력관계가 박물관 소장 유물과 기존 소장 유물에 대한 보존에 기반을 한 관리에 중요한 요소가 된다. 저자는 이러한 관계에 대해 아래와 같이 언급한다.

> 보존기술자와 보존 업무 담당자는 자주 박물관 소장품과 그 소장품 관리팀과 긴밀하게 일을 한다. 특히 소규모 박물관에서 이러한 기능은 함께 이루어진다. 컬렉션 매니저가 일부 보존 업무를 수행하고 전체적인 보존은 외부의 계약 보존전문가로 보내는 것 같다.
>
> _ 70쪽

저자가 생각하는 보존기술자는 보존 전문가의 길을 가고 싶어 하겠으나, "여전히 화학과 역사(기타 관련 분야)에 흥미를 가지고 일을 하려는"(70쪽) 사람에게 적합하다고 말한다. 그러나 여전히 저자는 박물관의 보존 업무는 분명한 위계질서가 필요한 것이라고 하면서 "보존 기술자의 자리가 보존 전문가가 되는 데 지름길은 아니라는 점을 이해하는 것이 중요하다"(70쪽) 라고 강조한다. 그만큼 보존 전문가의 길과 보존 기술자의 영역이 다르다는 점을 이야기하는 것이다. 보존 기술자로 장기간 근무한다고 하여 보존 전문가가 될 수 있는 것은 아니라는 것이다. 보존 전문가의 길은 별도의 학력과 훈련이 요구된다는 점을 강조하는 것이다.

박물관에서 보존기술자에게 요구하는 경험과 경력으로 "미술품 등을 다루어 보았거나 미술, 공예, 디자인 등 관련 분야의 스튜디오나 샵을 경험하였거나, 위험물의 취급요령을 알고 있거나 데이터베이스 구축 작업을 해 보았던"(70쪽) 경력을 저자는 뽑는다.

박물관의 소장품을 수장고에서 관리할 때는 예를 들면 지질로 된 유물들은 보통 기울어지거나 훼손을 막기 위해 중성지로 싸서 유물 크기에 맞게 틀을 짜서 넣고 서랍형식의 공간에 수장한다. 이렇게 수장고 안에서 유물의 보존에 적합한 틀을 만드는 일에 종사하는 사람이 틀 제작자framer이다. 저자는 이러한 일에는 보존과학은 전공하지는 않았어도, 유물의 보존환경을 선호하며 디테일에 매우 조심스럽고 관심이 있는 사람이면 적합하다(71쪽)고 말한다. 또 이런 일에는 갤러리에서 예술가로서 일을 해 본 경험이 있거나 여러 연장이나 틀 재료를 다룰 수 있는 기술을 가지고 있으면 도전해 볼 만한 직업이다.

그러나 저자에 의하면 박물관에서 이 직업은 근무상황이 불규칙적이고 전시를 개최하기 전에 집중적으로 일을 하게 되기에(71쪽) 이 직업을 선택할 때 다음의 측면을 고려해야 한다. 우리의 경우 박물관의 유물을 이동할 때 유물에 훼손이 되지 않도록 포장을 하게 되는 데 이 때 유물의 속성과 크기, 구조 등을 고려하여 흔들리지 않도록 틀을 만들게 된다. 그러나 이 업무에만 종사하지는 않는다. 박물관의 소장품 전반을 관리하면서 유물의 이동 시 포장의 틀을 만들게 된다.

　어떠한 조직이든 마찬가지겠으나, 의사소통이 조직 운영의 토대가 된다. 의사소통의 방식도 물론 조직에 따라 다르다. 그것이 그 조직의 문화를 일부 보여주는 부분이기도 하다. 특히 박물관에서 의사소통의 방식은 박물관 직원들 간뿐만 아니라, 박물관을 찾거나 박물관의 모든 활동에 참여·이용하는 사람들과 이루어지는 것이기에 박물관 특유의 속성을 가지고 있다. 의사소통의 매개체는 다름 아니라 우리의, 인류의 문화유산이요 그에 관한 지식과 정보가 된다. 필자의 이야기는 이 정도로 하고 저자의 생각으로 눈을 돌려보기로 한다.

　저자는 박물관에서 의사소통이 무엇인가에 대해,

　(박물관 직원 간)의사소통이 없으면 거의 모든 사람들이 그

제8장
의사소통
Communications

들의 활동이 이루어지고 있는 내용을 모를 것이다. 의사소통 관련 부서는 박물관에 관한 강력한 메시지를 만들어 이 메시지가 분명하고 정확하며 박물관의 브랜드와 기관적인 얼굴에 부합한다는 것을 확신한다. 이런 의미에서 의사소통 부서는 박물관의 공적인 얼굴과 같다.

_ 75쪽

저자는 말하는 의사소통은 뒤에서 그 기술 범위를 달리할지는 모르겠으나, 협의적이다. 실제로 필자에게 의사소통의 범위는 대내외적으로 존재한다. 그것은 박물관 내적으로는 박물관 직원 간, 외적으로는 박물관을 찾는 사람들, 유관기관, 언론, 학교, 세계의 박물관 등과 의사소통이 이루어지기 때문이다.

저자는 박물관에서의 의사소통을 언급하는 자리에서 마케팅 매니저, 공적 관계 사무원, 출판, 편집자, 그래픽 디자이너로 구분하여 의사소통과 관련한 박물관 내 직종을 기술한다. 우선 마케팅 매니저에 대해서는 많은 부분을 할애하여 기술하고 있는데, 저자는 대규모 박물관에는 통상 집행부 차원에서 마케팅 부장이 있고 마케팅 계획을 이행하는 보조 마케팅 팀원이 있지만, 소규모 박물관에서는 이렇게 세분화된 것이 아니라 다른 의사소통도 담당하는 한 명의 마케팅 직원이 있을 뿐(75쪽)이라고 말한다.

필자는 전에 박물관의 마케팅 전략이 필요한 시점에 왔다고 언급한 적이 있다. 무슨 말인가 하면 박물관은 박물관을 찾는 사람들을 대상으로 마케팅을 해야 한다는 것인데, 이는 결국에는 박물관이 박물관을 찾는 사람들이 누구인가를 알아야 한다는 점을 강조한 것이다. 박물관이 박물관을 찾는 사람들에게 관심이 없다는 것은 박물관에는 마케팅이 존재하지 않는 것과 같은 이야기이다. 저자는 "박물관의 경우, 전시, 컬렉션, 프로그램과 특별 행사에 참가하고 뮤지엄 샵이나 카페를 이용하는 박물관경험이 박물관의 상품"(75쪽)이고 이에 대한 소비자가 박물관을 찾는 여러 유형의 사람들이라고 말한다. 그 동안 박물관에서 마케팅이 존재하지 않은 이유 가운데 하나는 일반적으로 박물관은 비영리기구라는 이미지 때문이었을 것이다. 박물관은 영리를 취할 수 없는데, 왠 마케팅인가 하는 의식이 저변에 있었고 이로 인해서 박물관에서는 그 동안 마케팅이라는 개념도 용어도 없었다. 필자는 박물관에 왜 마케팅이 필요한가에 대해 박물관을 찾는 사람이 바로 audience, user들이기 때문이다. 결국에는 박물관의 여러 상품들을 그들에게 파는 것이 다름 아니라 박물관이 제공하는 서비스이다. 박물관의 소장품을 매개로 만든 '상품'을 팔아 가시적인 이익을 벌어들이는 것이 아니라, 보이지 않는 그들의 신뢰와 만족을 벌어들이는 것이다. 그것이 바로 박물관이 거두어야 하는 최대의 '수익'이다.

저자는 이 문제를 이렇게 풀어간다.

> 첫째로, 대부분의 박물관이 비영리이지만 그 사실이 바로 그들의 세금의 지위를 말해주는 것이다. 이를 달리 표현하면 비영리는 박물관이 영리를 창출할 수 없다는 것을 의미하지 않는다. 실제로 그들이 벌어들이는 수익은 박물관의 미션과 관련된 기능을 수행하는 데 다시 쓰여야 한다. 둘째로, 박물관 경험을 마케팅하는 일은 반드시 쉬운 판매는 아니다.

_ 76쪽

저자의 이 말을 듣고 있으니, 2002년 이후 지정관리자제도와 독립행정법인을 박물관에 적용한 이래 박물관 수익을 올려 재정 독립도를 높이기 위해 전과 다르게 마케팅에 많은 힘을 기울이고 있는 일본 박물관의 모습이 떠오른다. 박물관이 어떠한 상품을 내놓을 것인가 하는 문제는 박물관 직원이 박물관의 기본적인 역할에 충실하면서 그 성과와 활용으로서의 상품을 내놓게 되기에 박물관의 기본적인 역할을 소홀히 해서는 안 된다. 그러나 일본의 박물관 전문가들 사이에서는 '박물관이 무너지고 있다'는 염려의 목소리를 내고 있다. 필자는 최근에 『무너지는 박물관』을 집필한 일본 박물관 전문가들과 대화하여 『박물관에게 돈을 벌라고 하네』(민속원, 2023)라는 제목으로 소개하였다. 일본인에게는 박물관을 찾을 때 공짜는 없다. 그만큼 그들은 박물관의 문화유산 관리나 활용에 '감사의 마음'과 함께 문화유산과 의사소통하는 자세로 약간의 물적 표시(입장료 지불)를 한다.

저자에 의하면 마케팅 매니저는 지속적으로 박물관의 메시지를 만들어 발산하는 일을 한다. 그들은 박물관을 아직 찾아오지 않은 사람들에게 박물관에 시간과 돈을 투자할 가치가 왜 있는지를 보여주고자 노력한다. 박물관은 흔한 말로 '장사를 하는 것'이 아니다. 수익이 박물관의 호주머니로 고스란히 들어가는 것이 아니라 박물관을 찾는 사람들에게 보다 더 좋은 상품으로 다시 돌려준다. 문제는 앞서 언급하였듯이 과연 박물관에 시간과 돈을 투자할 만한 가치가 있는가의 여부를 판단하는 사람들은 그 전시를 관람하고 관련 프로그램에 참여하는 등 박물관에서 활동을 하는 그들이다. 그들이 그 상품에 대해 가치가 적다거나 없다고 하면 그만이다. 그들이 이렇게 차가운 반응을 보이고 박물관으로부터 등을 돌리지 않도록 하기 위해서는 박물관은 전시를 개최하기 전에 그들과 의사소통이 중요하고 교육프로그램을 기획하더라도 그들과 의사소통이 필요한데, 말하자면 쌍방 소통이 중요하다. 그러나 보통 박물관에서는 이들과 의사소통하지 않고 일방적으로 가치가 있다고 생각한 상품을 내놓고 와서 보라고 소리를 높인다. 동감하지 않는 전시, 감동이 일어나지 않는 전시, 납득되지 않는 체험이라면 그것은 실패한 것이다. 박물관에서 애써서 그들이 몰라서 그렇다고 탓을 밖으로 돌리려는 태도를 보이게 되는 순간부터 그 박물관은 무너지기 시작하는 것이다. 이야기하다 보니 필자의 생각만 피력하는 것 같아 자가당착으로 빠지려는 순간이다. 저자와 쌍방 소통이 필요하다.

박물관이 왜 매력적일까. 저자는 박물관이 "유일한 경험을 제공"(76쪽)하는 곳이기 때문이라고 답을 한다. 과연 박물관이 유일한 경험을 할 수 있는 곳인가. 실제로 그 이유는 인류의 문화유산을 하나의 주제를 가지고 한 곳에 수집·보존하고 있는 곳은 아마도 박물관이 유일하기 때문일 것이다. 문화유산을 수집·보존만 하고 전시나 여러 관련 프로그램 등의 활동은 하지 않는 자료관이나 아카이브관이 있을 수 있다. 그러나 찾아가 눈으로 보고 느끼며 체험하는 곳은 박물관이 유일하다. 학교에서는 이를 제한적으로 할 수 있어도 이를 전반적으로 할 수 있는 곳은 박물관이다. 저자는 박물관에서 마케팅 매니저의 역할을 다음과 같이 강조한다. 우리의 경우는 저자가 말하는 마케팅 매니저는 홍보팀장 또는 섭외 담당 팀장에 해당할 것이다.

목표 관람객target audience와 공명할 메시지를 가공하는 것이다. 이 때 무엇이 가장 중요한 정보인가, 그것을 전달하는 가장 효과적인 방법은 무엇인가를 생각한다. 전시를 홍보할 때, 마케팅 매니저는 그것을 홍보하는 전략을 세울 필요가 있다. 몇 가지 관련 안을 만들어 놓고 가장 중요한 메시지를 결정하고 그 전시를 가장 잘 보여주는 이미지를 선택하며 특정 관람객을 목표로 하여 그들에게 전달되는 가장 좋은 방법을 평가한다.

_ 76~77쪽

박물관에서 박물관을 찾아왔거나 찾아올 사람들에게 박물관의 활동과 사업을 공유하기 위해 전달하는 홍보팀에서는 박물관의 여러 기능을 담당하는 직원과 면밀하게 접촉하여 그 사업의 절차와 성과를 충분히 숙지를 해야 한다. 홍보팀이 있는데도 전시팀에서 전시 외에 전시 홍보까지 하려는 것은 선을 넘은 것이다. 선을 넘었다는 것은 '전문성을 절도'한 것이다.

박물관에서 홍보 업무를 담당하는 부서를 별도로 가지고 있는 대규모 박물관에서는 직원들이 맡고 있는 업무 내용이 다르다. 홍보 업무는 크게 출판물을 통한 홍보와 언론을 통한 홍보로 크게 구분할 수 있다. 출판물을 통한 홍보물에는 박물관의 여러 활동 가운데 박물관 소개, 전시와 전시연계 프로그램, 교육프로그램 등을 통해서 생산되는 도록, 팸플릿, 브로슈어, 포스터, 전단지 등 다양하다. 이 출판물의 레이아웃부터 시작하여 자체적으로 내용을 구성하고 이미지를 만들고 지질 등을 결정하여 인쇄소에 넘기기까지의 업무 전반을 자체적으로 소화할 수 있는 박물관은 매우 적다. 대체로 이를 외부 업체에 의뢰하는 경우가 대부분이다. 그러나 언론을 통한 홍보에서는 언론을 상대하는 직원이 박물관의 여러 활동들을 문장으로 표현한 보도자료를 언론사의 기자에게 전달을 하거나 소셜 네트워크social network에 올리게 된다. 이 가운데 언론사의 기자들은 많은 보도자료 가운데 보도의 가치가 높다고 판단되는 것을 선택하게 된다. 선택된 보도자료에 대해 보다 상세한 내용을 원할 경우 언론사에서는 박물관 담당 직원에게 추가적으로 관련 자료를 요청할 수 있다. 따라서 박물관의 홍보 담당 직원이 가장 많이 접촉을 하는 것은 언론사의 기자들이라고 말할 수 있다. 실제로 박물관에서 홍보에 소요되는 예산을 "지불하지 않고" 홍보를 진행할 수 있는 것이 언론보도라고 말할 수 있다. 다른 출판물들은 예산이 확보되어야 가능하다.

예를 들어 박물관에서 특별전시를 개최하는 경우, 개최하기 전에 언론사에 보도자료를 전달한다. 그러면 언론사에서 이 전시에 관심이 있으면 박물관 홍보 매니저에게 연락을 해서 특별전시실 현장을 취재하게 된다. 이에 대한 일정이나 인터뷰를 할 직원의 선정 등에 대해 언론사와 박물관 홍보 매니저가 서로 연락을 취하게 된다. 박물관 특별전시가 개막되기 몇 시간 전에 현장 인터뷰를 진행하는 경우가 많다. 사실 전시 담당 큐레이터에게 인터뷰를 요청하는 경우, 큐레이터는 개막 준비에 바쁘기 때문에 이러한 '관행'을 개선할 필요도 있다.

홍보 매니저와 홍보팀 직원들은 박물관의 여러 활동에 관심을 늘 가지고 각 업무 담당자들과 지속적인 의사소통을 하면서 그들이 홍보라는 관점에서 착목해야 할 점, 각 업무 담당자들이 홍보될 만한 가치가 있는 절차나 성과들을 어떻게 기관이나 대중들에게 전달할 것인가를 논의한다. 박물관의 활동은 관련 정부 기관들이 주목하는 경우도 있으나 역으로 박물관에서 그 활동성과를 정부 기관에게 전달하여 박물관에 대한 정부 기관의 평가에 영향을 주기도 한다.

저자는 홍보 매니저는 "뛰어난 의사소통자"로서 "박물관의 전시, 프로그램, 다른 성과들을 명료하고 강력한 언어로 설명할 수 있어야"(79쪽)한다고 말한다. 홍보 매니저가 이렇게까지 할 수 있으려면 박물관의 각 업무 담당자와 어느 정도 긴밀한 관계를 유지해야 하는가가 중요하다. 박물관의 여러 직원들이 홍보 전선에서 인터뷰를 요청받았을 경우, 홍보 매니저는 전문가로서 그들에게 코치의 역할을 해야 할 것이다. 그만큼 박물관에서 대외 홍보의 중심은 홍보 매니저가 되는 것이다. 이렇게 박물관 업무의 홍보에 대해 통일적으로 움직여야 문제가 없다. 한 마디로 박자가 잘 맞아야 박물관이 조화로운 음을 잘 낼 수 있는 것이다. 관장 생각 따로 직원 생각 따로 홍보 매니저 생각 따로 홍보에 대응을 하게 되면 그야말로 그 박물관은 잡음만 낼 수밖에 없다. 혹여 박물관 밖에서 그 박물관을 공격을 해 올 수도 있다. 이를 방어하는 역할도 바로 홍보 매니저가 일단 하게 된다. 저자는 이렇게까지 말한다. 홍보 매니저는 "박물관의 관점을 설명하고 필요하다면 박물관을 대신해서 사과를 해야 하는데"(80쪽) 이것이 홍보 매니저에게 아마도 가장 힘든 역할이라고 말한다. 일반 사람들에게는 잘 보이지 않는 박물관 경영의 문제점이 언론으로 흘러 들어가 언론으로부터 공격을 받아 공론화가 되면 그 박물관은 그 문제를 해결할 때까지 그야말로 사회로부터 '시달림'을 받게 된다. 경우에 따라서는 일반인들이 그 박물관에 등을 돌릴 수도 있다. 저자는 이런 예를 든다. 박물관의 소장유물에 대한 처분에 있어서 미국박물관협회AAM의 박물관윤리강령을 위반하였을 경우 박물관의 미래를 위험에 빠뜨릴 수 있다(80쪽)고 경고한다.

저자는 지금까지 언급한 홍보 매니저가 되기 위해서는

- 작문과 대인관계, 전화상으로 대화를 좋아하고
- 압박을 받아도 침착한 태도를 견지할 수 있어야 하며
- 전문적인 관계를 쌓고 유지할 수 있는 사람
- 박물관의 미션과 업무를 잘 이해하고 직장 동료의 여러 업무를 종합할 수 있고
- 긴박한 상황에서도 빠르게 대응할 수 있고 미리 사전에 계획을 수립할 수 있어야 한다고 말한다.

_ 80쪽

이러한 홍보 매니저는 작문 실력 외에 대중 앞에서 메시지를 전달하는 능력, 위기 경영 훈련과 감독의 경험을 소유하고 있을 필요가 있다고 저자는 강조한다.

저자가 말하는 출판을 위한 편집자, 그래픽 디자이너 등을 채용하고 있는 박물관은 물론 대규모의 조직을 갖춘 경우이겠으나, 우리의 경우는 필자가 아는 한 이러한 직종은 박물관에서 그렇게까지 필요가 있는가 하여 채용하지 않는다. 중간 규모의 박물관, 직원이 대략 100여명이 되는 박물관에는 별도로 편집자나 그래픽 디자이너는 없고 앞서 언급한 것처럼 박물관 소개, 전시 도록과 브로슈어, 포스터 등에 대한 출판은 박물관 관련 업무 담당자와 외부의 출판사 간 협력으로 이루어진다. 레이아웃이나 그래픽 디자인과 인쇄 등은 외부의 출판사에서 맡고, 출판의 콘텐츠 구성은 박물관에서 담당하는 시스템이다.

저자는 편집자와 그래픽 디자이너에 대한 견해를 피력한다. 박물관에서 나오는 출판물은 다양하다. 박물관 소개와 관련한 로고와 간략한 역사 등이 들어간 달력, 선물용 책자 외에 박물관 전시와 관련한 상설전시와 관련한 도록, 각 영역별 교육용 브로슈어, 특별전과 관련한 초대장, 도록, 브로슈어, 포스터, 소장 자료에 관한 소개 책자, 멤버들을 위한 뉴스레터, 박물관교육과 관련한 활동지worksheet, 개별 주제의 단행 연구서, 소장 자료에 대한 연구서, 박물관의 학술지 등등 여러 가지가 있다. 저자는 박물관에서 편집자의 역할은 "출판된 자료에 대한 프로젝트 매니저"(81쪽)라고 말한다. 저자는 하나의 예를 들어 편집자의 역할을 명료하게 제시한다. 전시기획을 하는 큐레이터가 5개의 텍스트 패널 원고, 20개의 각 영역별 패널원고를 작성하며 이에 토대하여 편집자는 그래픽 디자이너와 논의하여 필요한 단어 수를 결정하고 전시물 패널 설치 일자를 거꾸로 계산하여 진행 일정과 초고의 완성일자를 정하여 두서너 번 편집하여 최종 텍스트를 완성하면 텍스트의 증거를 검토한 후 인쇄에 넘긴다(81쪽). 이 과정에서 편집자는 큐레이터가 작성한 문장에 대해 윤문을 하고 보다 설명이 필요한 부분을 찾아 큐레이터에게 그것을 요청한다.

저자는 이렇게 말한다. "좋은 편집자는 독자의 마음을 가정한다. 그리고 늘 목표로 한 독자를 마음에 둔다"(82쪽). 필자는 저자의 이 말에 크게 동감한다. 왜냐 하면 큐레이터와 편집자가 독자(박물관을 찾는 사람 또는 이용자)를 바라보는 시각이 다를 수 있다. 저자는 편집자는 독자의 입장에서 큐레이터의 문장을 다듬을 수는 능력이 있어야 한다는 점을 강조한다. 즉 이런 것이다. 일반적인 독자들을 위해서는 "전문용어를 피하고 익숙하지 않은 전문용어에 대해 정의하며 가족의 독자를 위해서는 어린 아이의 수준에 맞추되 텍스트는 어린아이보다는 성인에게 맞출 것"(82쪽)을 추천하고 있다. 한 마디로 박물관의 유물에 대한 설명문(텍스트)은 쉽게 쓰라는 것이다. 간결체로 단어 수가 딱히 정한 것은 없으나, 장려하고 있는 것은 한 패널 당 200자 안쪽이 적절하다. 그리고 패널의 위치와 높이, 단어 크기와 굵기 등도 함께 고려할 필요가 있다. 이것을 편집자가 해 주는 것이다.

좀 길지만 편집자와 그래픽 디자이너의 역할에 대한 저자의 견해를 인용해 본다.

특정 텍스트의 상세부분을 결정할 때, 편집자는 그래픽 디자이너와 밀접하게 작업을 한다. 예를 들면 디자이너와 교육 담당자는 가족을 위한 안내에서는 두 번 접는 6개의 패널로 구성된 브로슈어에 몇 개의 이미지를 넣고, 그 때 텍스트의 단어 수는 이러한 조건에 제약을 받게 된다는 점을 인식한다. 마찬가지로 텍스트가 읽기 쉽고 레이블과 텍스트가 전시의 유물들에게 방해가 되지 않도록 하기 위해서는 편집자와 디자이너는 큐레이터와 논의하여 레이블의 크기와 가장 읽기 쉽도록 폰트 크기를 결정한다. 이러한 요소들이 텍스트의 길이를 결정할 것이다.

_ 82쪽

박물관의 규모에 따라서 편집자나 그래픽 디자이너가 없는 경우에는 박물관 내에 텍스트에 대한 통일적인 원칙을 세워놓을 필요가 있다. 외부에 출판이나 편집을 의뢰할 때 박물관의 내적 원칙을 정확하게 전달할 필요가 있다. 다음으로 저자는 박물관에서 그래픽 디자이너의 역할을 언급한다.

그래픽 디자이너는 인쇄물의 시각적 측면을 계획하고

디자인하는 일을 담당한다. 가끔은 이 외에도 온라인상의 자료에 대해서도 디자인한다. 앞서 언급했듯이 편집자와 그래픽 디자이너는 작업을 함께 진행한다. 편집자는 문장에 대해, 그래픽 디자이너는 텍스트의 시각적 구성에 대해 고민을 한다. 문장과 디자인이 동시에 진행되면서 텍스트가 완성된다. 박물관에서 편집과 그래픽 디자인의 전문성이 중요한 이유는 편집과 그래픽 디자인에 완성된 텍스트로 유물과 전시의 메시지가 전달되기 때문이다. 그만큼 그래픽 디자이너의 역할은 박물관에서 중요하다. 저자는 "한 유물(자료)의 시각적인 정체성을 창출하기 위해 로고, 그래픽, 폰트, 색, 일러스트와 사진과 같은 요소들을 이용한다"(83쪽)라고 말한다. 여기서 말하는 한 유물의 시각적인 정체성이 다름아니라 그 유물의 메시지가 된다.

박물관마다 그 미션을 상징하는 로고와 그래픽을 정한다. 이것은 박물관의 다른 출판물을 디자인할 때 이러한 포맷이 일관적이고 통일적으로 반영되면서 그래픽 디자이너의 창의성이 발휘되어 박물관을 찾는 사람들에게 어필되는 시각적 메시지를 만들어낸다. 이는 아무나 할 수 있는 일이 아니다. 저자가 언급하고 있듯이 그래픽 디자이너는 "시각적 감각, 예술가의 경험, 창의력"(84쪽)이 크게 요구되는 직종이다. 그러나 앞에서도 이야기했듯이 우리의 박물관에서는 이렇게 편집자와 그래픽 디자이너의 중요성을 인식하고 있으면서도 대부분 채용은 하지 않고 있다. 현재로서는 국립중앙박물관, 국립민속박물관 등에서는 전시디자이너가 채

용되어 있으나, 어느 정도의 범위까지 디자이너로서 역할을
하고 있는지는 모르겠다.

　저자가 "박물관에 필수적인 예산을 늘리는 일뿐만 아니라 기부자들과의 의미심장한 관계를 구축"(87쪽)하는 개발부서가 아마 우리의 박물관에서는 기획부서가 아닐까 생각한다. 저자는 이 주제를 멤버십 매니저, 개발 매니저, 보조금 작성자grant writer로 구분하여 이야기하고 있다.

　멤버십은 저자에 의하면 "지역사회와 장기적으로 관계를 구축하는 중요한 방법 가운데 하나"(87쪽)이지만 실제는 지역사회에 그치지 않고 국내외 범위가 되는 것이다. 서구의 대부분 박물관에서는 1년 기간 동안 박물관을 무료로 이용하며 박물관으로부터 여러 혜택을 받는 멤버십을 구매할 수 있다. 저자에 의하면 이 멤버십에는 두 가지 종류가 있다고 한다. 하나는 표준 멤버십으로 박물관의 기본적인 혜택을 받으며 두 세 번 입장할 수 있는 금액만큼으로 멤버십을 살 수 있다. 두 번째는 자선성 멤버쉽이다. 이것을 표준 멤버쉽보다 비싸다. 그들 멤버만의 행사에 추가 금액을 지불하면 초청인을 그만큼 동반하고 참가할 수 있다. 자선성 멤버쉽은 가입액이 비싼 만큼 배타적이라고 말할 수 있다. 우리의 경우, 국공립박물관은 국고에 의하여 운영되고 있기에 이러한 형태의 멤버쉽 제도를 운영할 수 없고 다만 박물관 내 재단법인을 통해서 멤버쉽 제도가 운영되고 있다.

　말할 필요도 없이 박물관의 재정적 토대는 서구의 경우 입장료와 함께 이러한 멤버쉽에 의하여 확보되는 자금이다. 박물관에 회원으로 가입하여 혜택을 받으려는 의도도 있겠으나, 저자도 언급하고 있듯이 근본적으로는 "박물관을 지원하려는 뜻이 반영"(88쪽)된 것이다. 이러한 멤버쉽 프로그램을 운영하는 것이 바로 멤버쉽 매니저의 역할이다. 매니저는 회원 명부 관리, 회원을 위한 행사 개최 계획 수립 및 진행 등 회원에게 돌아가는 혜택에 기반을 한, 즉 반대급부적인 행사 외에도 박물관에서 개최하는 각종 기획전시, 행사 등에 초청하는 안을 계획하고 진행한다. 또 박물관의 회원을 늘리기 위한 방법도 강구해야 하는 것이 매니저가 할 일이다. 저자는 그들은 박물관 간의 관계를 구축하면서 기부를 하거나 박물관에서 자원봉사를 하거나 사망 후 유증을 한다거나 박물관을 소개하는 일 등을 통해 박물관의 활동을 지원하게 된다(88쪽)고 말한다.

앞서 언급한 매니저의 역할 중 회원 명부를 관리하며 이를 업데이트하는 작업이 중요한데, 신입 회원의 등록상황을 우편이나 이메일로 공유하여 회원 간 네트워크를 구축한다. 우리의 경우, 앞서 기술했듯이 국립박물관의 사업을 측면에서 지원하는 박물관회라든가 박물관재단의 사무국장이 저자가 말하는 매니저에 해당될 것이다. 이 회나 재단은 박물관의 기능이 활성화되도록 하는 '윤활유'와 같은 역할을 한다. 박물관과는 차별되는 교육프로그램과 행사 등을 기획하여 진행한다. 이 모두가 그 회나 재단의 회원들을 위한 것으로 1년 간 회비 외에 여러 등급에 해당하는 기부금으로 운영이 된다.

이러한 일을 하고 싶은 사람에게는 사람들과의 친화력으로 문장, 온라인, 전화상으로 그들과 관계를 구축하고 상세한 업무를 선호하며 설정한 목표 달성을 위해 전략적 계획을 세우고 이를 적극적으로 실현하려는 자세(89쪽)가 요구된다. 또 매니저로서의 역할을 수행하기 위해서는 정해진 근무시간이 없다. 회원들을 위한 행사 등이 진행되는 저녁 시간이든 주말에도 근무를 해야 한다. 그리고 회원 수 확보 라든가 목표 달성을 위해서 일정한 스트레스를 받게 된다는 점도 염두에 두어야 할 것이다. 그리고 회원 상호 간에 있을 수 있는 갈등이나 불만, 불평, 트러블이 있을 때 이를 중재하는 것도 매니저의 역할 가운데 하나이다.

다음으로 저자가 소개하는 개발 매니저는 우리의 경우에는 서구와는 다르게 박물관의 조직에는 적용하기 힘들다. 오히려 박물관을 측면에서 지원하는 박물관 문화재단의 조직상 여러 매니저 가운데 개발 매니저가 해당이 될 것이다. 저자에 의하면 개발 매니저는 크게 두 가지 영역에서 그 역할을 수행한다. 앞서 언급한 멤버쉽 매니저의 역할 가운데 회원으로부터 기부금을 유도하는 부분이 있었는데, 그 매니저와는 다르게 개발 매니저는 기부자와 직접적인 관계를 유지한다. 그는 또 누구에게 기부를 요청할 것인지, 어떠한 프로젝트를 위한 기부로 할 것인지를 고민한다. 저자는 이런 예를 든다.

개발 매니저는 전형적으로 박물관에서 재단과 법인의 리더쉽을 알고 각 재단이나 회사의 자선에 유익할 만한 프로젝트를 선택할 수 있을 것이다. 아마 재단은 대부분의 자선금을 유아의 독창력을 지원하는 프로젝트에 준다. 이 때 개발 매니저는 이 재단을 취학 이전의 아동들을 위한 전시회에 자금을 대는 주체로서 삼게 될 것이다"

_ 90~91쪽

우리의 경우 메세나 운동의 차원에서 재단이나 대기업에서 박물관의 활동을 지원하고자 할 때 개발 매니저는 그 명분을 어떻게 살려 줄 것인가를 고민하게 된다. 사회에 수익을 환원하여 문화 발전에 기여한다는 이미지를 수익을 받는 쪽에서 만들어 발산해 주어야 재단이나 대기업에서 재정 지원을 하는 명분이 분명해지는 것이다. 우리의 경우는 국공립박물관의 재단을 통해서 재단이나 법인의 메세나 정신을 받아들여 국공립박물관과 박물관 문화재단이 협력하여 박물관 문화재단의 회원과 잠재적 회원들에게 문화향유의 기회를 제공하여 회원을 늘리고 국공립박물관의 활성화에 영향을 끼치게 되는 것이다. 이러한 상황에서 우리의 박물관 문화재단의 개발 매니저는 중요한 역할을 하고 있는 것이다.

저자에 의하면 개발 매니저는 "전망 조사prospect researching를 통해서"(91쪽) 개인, 법인과 재단에 대한 정보를 수집하고 그들의 주된 관심, 과거의 자선 활동, 기부 능력 등을 체크한다. 저자는 이런 예까지 든다. 기부자가 어느 대학 출신이면 그 해당 대학과 전시나 프로그램을 함께 개최하여 진행한다면 "아마도 도움"(91쪽)이 될 것이라고 말한다. 실제로 외국의 박물관은 재정 자립도를 높여야 하기에 재정 확보가 중요한 사안 가운데 하나이다. 재정 확보와 관련된 업무를 담당하는 직원은 그만큼 스트레스를 받는 것이다. 우리의 경우를 생각하면 박물관 직원들의 이런 고민은 비교적 없기에 업무로부터의 스트레스가 다르다고 말할 수 있다. 스티븐 밀러Steven Miller는 "박물관은 거의 실패하지 않는다. 그렇게 될 때는 형편없이 시작하여 소장 자료도 성공에 대한 열정적인 리더쉽도 없었기 때문"(Steven Miller, 45쪽)이라고 말하고 있으나, 가장 큰 문제는 재정의 확보와 순환이다. 재정이 기반이 되어야 자료의 기증이나 유증 외에도 자료 구입비, 안정적인 고용을 위한 전문 인력의 확보와 인건비, 경영비(보존 처리 등 포함) 등을 고려하여 상설전시 및 특별전시 입장료부터 시작하여 각종 프로그램 참가비, 앞서 언급한 회원의 후원 등이 계획대로 진행되지 않으면 그 박물관은 무너지는 것이다.

박물관이 실패하지 않기 위해서는 밀러는 "재력이 있는 여러 협력자의 재정적 지원"(Steven Miller, 43쪽)도 중요하다고 본다. 따라서 우리의 경우 사립박물관에서는 지역사회로부터 그 역할에 대한 신뢰를 얻고 지역사회로부터 재정적인 기부를 이끌어내는 노력이 중요하다. 그렇게 하기 위해서는 작은 규모의 사립박물관이라고 하더라도 지역의 관련 기관, 지역민과 어떻게 의사소통의 체제를 구축해 나갈 것인가를 고민할 필요가 있다. 이제는 사립박물관은 지역을 넘어 전국을 대상으로 재방문이 가능하도록 상설전시부터 박물관의 과학적 경영을 위해 박물관학적 마인드를 가질 필요가 있다. 아마추어 수준의 사립박물관의 경영이어서는 한 번 찾아 갔다가 또 방문하려는 사람은 없을 것이다. 필자는 이전에 사립박물관의 현장 평가나 심사를 나가보아도 이 박물관은 지속 발전될 수 있겠구나 하는 사립박물관을 아직 발견하지 못하였다. 그만큼 가야 할 길이 멀다는 생각이 든다. 컬렉터에서 시작했거나 이 분야에 관심이 있어 박물관 학적 훈련은 차치하고 사립박물관을 창립하여 운영하는 사례들이 많기에 정부에서 재정, 인력 지원은 하고 있으나, 진전이 보이지 않는 이유는 경영자의 박물관학적 마인드의 부족에서 찾을 수 있다.

이제는 아마추어의 시대가 지나갔다. 박물관을 찾는 사람들의 지적 수준이 이전과 다르게 크게 달라졌다. 이들의 변화를 읽지 않으면 박물관은 제자리걸음이거나 후퇴될 수밖에 없다. 과감하게 전문 경영인을 영입하거나 사립박물관 관장이 박물관학적 훈련을 받거나 박물관 직원들을 박물관학적으로 훈련시키거나 어떠한 대책을 강구하지 않으면 박물관은 무너질 소지가 크다. 구태의연한 태도에서 벗어나야 생존할 수 있다.

우리의 소규모의 사립박물관에서는 저자가 말하는 개발 매니저 역할을 관장이 수행할 수밖에 없다. 지금처럼 지역사회의 박물관 간 협의체의 활동은 말할 것도 없고 박물관의 미션을 중심으로 한 협의체 같은 것도 조직하여 전국적인 네트워크를 구축하고 이를 통해서 활발한 논의와 활동을 통한 박물관의 외연을 확장해 나갈 필요가 있다. 예를 들면 전국의 사립박물관 가운데 생활문화를 미션으로 하는 박물관 간 협의체는 그 나름대로 큰 에너지를 발산할 수 있다. 같은 주제의 공동 기획전 개최와 순회, 교육프로그램의 공유와 순회 진행 등을 통해 생활문화와 관련한 재단이나 회사와 연계하여 서로 상승 발전할 수 있는 프로젝트를 기획하여 추진할 수 있다. 그러한 프로젝트를 통해 재단이나 회사는 해당 박물관이 보다 발전할 수 있도록 후원자의 역할을 할 수 있다. 다각도로 노력을 해야 하는데 그 선봉에 사립박물관장이 서야 한다.

저자는 개발 매니저에게 요구되는 자질로 "분별력이 있어야 하고 이와 함께 기밀에 대해 논란의 여지가 없도록 약속을 지켜야 한다"(91쪽)라고 말한다. 그만큼 후원자와의 신뢰에 기반을 한 관계의 구축과 지속이 중요하다. 그리고 후원자의 입장과 박물관의 입장이 반드시 같다고 말할 수 없고 또 후원자 사이에서도 그 입장이 같을 수 없다. 따라서 후원자와 박물관 간 상호신뢰가 가장 중요하다. 공공성에 기반을 한 박물관이 진정성 있게 지역사회의 발전에 얼마나 노력하고 있는가를 그들에게 보여주어야 할 필요가 우선 있는 것이다.

'후원자의 밤'과 같이 그들을 어떻게 대접할 것인가 하는 문제도 중요한데, 개발 매니저가 해야 할 역할 중 하나는 이처럼 그들을 위한 행사를 기획하고 진행하는 일이다. 이 행사는 그 의도와 목적에 따라 규모가 다를 수 있고 이 행사를 통해 회원 간 상호 인지와 새로운 회원을 확보하는 중요한 계기가 되기도 하고 회원과 박물관 간 상호 신뢰가 구축되는 시간이 된다. 이러한 행사의 기획은 당연히 개발 매니저가 하게 된다.

우리에게는 또 생소한 그랜트 라이터grant writer이라는 용어와 그 개념을 저자는 설명한다. 그랜트는 흔히 교부금이다. 이것은 정부가 지방 공공단체에 지원하는 돈인데, 저자는 그랜트 라이터를 "교부금을 감독하는 사람"(92쪽)이라고 정의한다. 그런데 왜 그랜트 매니저라고 하지 않고 라이터라고 표현하고 있을까. 교부금을 받기 위해서는 "응모 절차를 밟게 되고 그래서 매우 경쟁적"(92~93쪽)이다. 저자에 의하면 교부금은 지방 수준에서 수 백 달러에서 연방 수준 수십만 달러까지 다양하고 당연한 이야기지만, 교부금의 수준에 따라서 응시 절차와 서류가 복잡하다. 그래서 박물관에서 지방이나 연방으로부터 교부금을 신청할 때 응모 서류를 철저하게 쓰는 사람, 그 사람이 바로 교부금 라이터이다. 저자에 의하면 "교부금 라이터의 주된 책임 가운데 하나는 교부금의 기회를 조사하고 첫째 박물관이 적격 요건에 맞는지를 결정하며 둘째로 박물관에 교부금에 부합하는 프로젝트 또는 동기가 있는지를 결정"(93쪽)하는 것이다.

저자는 이것이 앞서 언급한 개발매니저의 전망조사 prospect research와 같은 것이라고 하나, 우리의 경우 국공립박물관에서는 교부금 신청이라는 항목이 없기에 그 대신 상급 기관에 예산 신청을 하는 절차상 비슷한 과정이 있다. 박물관에서 예산 총괄을 담당하는 매니저급이 있는데 이는 박물관의 규모에 따라 다르나 보통 팀장(사무관)이 이를 맡는다.

그러면 이 팀장은 박물관의 각 과에 예산 요청에 부합하는 사업개발을 독려한다. 그 사업개발(안)에서는 신규 사업의 경우 사업의 목적과 배경, 사업 추진내용과 일정, 그리고 소요예산의 근거를 제시하게 된다. 예산 신청의 작성자가 각 부서 사업 담당자가 되지만, 이를 총괄적으로 윤문하고 문장의 논리 등을 체크하는 담당자가 있으면 좋겠으나 실제로는 각 과의 담당자에게 이를 맡겨 버린다. 교부금 작성자의 존재가 왜 중요한지에 대해 저자의 이야기를 듣고 있자니, 우리도 사립박물관이라면 이 부분에 보다 관심을 가져야 하고 국공립박물관에서는 예산 신청 외 각종 제출문서에 대한 문법·논리·구성 등 전반을 체크하는 직원이 있으면 보다 매끄럽고 합리적인 박물관 행정이 이루어질 것이다.

저자는 시의적절하고 합리적인 교부금 신청이 매우 중요하다는 점을 강조한다. 제대로 조사도 하지 않고 교부금을 신청하게 되어 정작 교부금이 필요할 때 신청을 못하여 사업에 차질을 가져올 수 있다. 교부금 작성자에 의하면 사전 조사가 끝나면 그 다음으로는 일정을 체크하는 일이다. 교부금 신청 마감 이후 선정될 때까지의 기간을 확인하여 해당 사업의 목적이 어느 정도 성취될 수 있는가를 예상해야 한다. 교부금을 받아놓고 사업 기간 내에 사업을 성취 못하게 되면 해당 박물관에 대한 신뢰는 그만큼 떨어지게 된다. 그래서 저자는 전시 부분에 교부금을 받아서 교부금 신청할 때 마감하겠다고 설정한 기간 안에 전시가 개최되지 못하는 경우를 하나의 예로 들고 있다.

저자는 교부금을 결정하는 재단이나 기관에서 경우에 따라서는 교부금 신청이 적절한가를 결정하기 위해 교부금 신청 박물관에게 회의참석을 요청할 수도 있는데, 이 때는 박물관장과 해당 사업 담당자가 함께 참석할 수도 있다고 말한다. 이는 우리의 경우 앞서 언급했듯이 마치 예산을 상급기관에 신청했을 때 이를 검토하는 과정에서 예산 신청이 적절한가, 적절하지 않다면 조정하기 위해 회의를 소집하는 과정과 비슷하다.

교부금 작성자는 교부신청서에 기입할 내용에 관한 정보를 수집하는 것이 중요한데 그 가운데에는 박물관의 미션을 비롯하여 해당 프로젝트의 목적과 의도와 추진방법과 일정, 소요예산 등이 포함된다. 추진방법은 박물관 직원 자체적으로 프로젝트를 진행하는 방법, 외부 관련 기관 혹은 개인들과 협력하여 추진하는 방법 등 다양하다. 교부금 작성자는 "박물관 내외의 자료에서 다양한 정보를 얻어 좋은 기획을 해야 하는 점"(93쪽)이 크게 요구된다.

박물관에서 사업 기획력은 박물관의 전문 인력이 갖추어야 할 요건 가운데 하나이다. 사업은 기획에서부터 시작하기 때문이다. 기획이 바로 사업의 성과를 보여주는 것이기에 사업 기획을 표절해서는 안됨에도 불구하고 다른 박물관의 유사 사업을 참고가 아니라 그 기본적인 틀에다가 단어만 바꾸어 자신의 사업 기획으로 둔갑시키는 경우도 봤다. 그런데 이것이 표절이 아니니, 아무 문제가 되지 않는다고 강변하는 공무원도 봤다. 박물관의 전문 인력에게는 창의력이 크게 요구된다. 창의력이 없는 전문 인력은 박물관에서는 매력적이지 않다. 왜냐 하면 박물관을 찾는 사람들에게 그 전문 인력의 기획은 감동을 주지 못하기 때문이다. 그래서 박물관의 전문 인력을 채용할 때는 그야말로 엄정하고 신중하게 그 과정이 이루어져야 한다. 최근에 블라인드 채용이 마치 유행처럼 박물관의 전문 인력의 채용에 적용되고 있다. 물론 이러한 변화도 중요하지만, 그 전문성과 창의성 등 박물관의 전문 인력으로서 구비해야 할 요건들을 검증하는 방법과 과정을 개발하는 일이 보다 중요하다. 서류전형 후 면접의 경우를 보아도 지나치게 형식적이다. 몇 분 안에 그것을 어떻게 검증할 수 있겠는가.

필자가 생각하는 검증 방법 가운데 하나는 이것이다. 면접은 문자 그대로 응시자와 마주하여 자세와 응시 목적과 동기 등을 재확인하는 과정에 불과하다. 실제적인 검증은 응시자에게 펜과 종이만을 주고 정한 시간 안에 주어진 주제에 대해 논술하도록 하는 방법이다. 이 논술에 대해 전문가가 철저하게 검증하여 결론을 종합적으로 내는 것이다.

박물관 전문 인력의 채용이 별 것 아니라고 생각할 수 있으나, 그렇지 않다. 그야말로 귀중한 문화유산의 수집ㆍ보존ㆍ전시와 교육 등을 통해서 인류 역사 무대에서 그 시대에 그 문화유산이 '살아 있도록' 메시지를 전달하는 것이 박물관 전문 인력의 역할이기 때문이다.

이야기를 다시 돌리면, 저자는 교부금 신청서에 예산의 소요 상황을 적게 되어 있는데 크게 두 가지로 나눌 수 있다고 한다. 그것은 하드 비용hard costs와 소프트 비용soft costs 인데, 하드 비용은 예를 들어 강의하거나 교육을 위해 채용된 전문가에 대한 사례비, 시설비와 같은 것이고 소프트 비용은 직원의 해당 프로젝트에 투여한 시간과 운영비와 같은 것으로 비율로 계산이 되는 것이다. 소프트예산의 경우예를 들면 교육 담당자가 40시간 근무 중 10시간의 프로젝트를 위해 일을 할 것이라고 한다면 그의 봉급의 25퍼센트는 소프트 비용으로서 예산에 산정할 수 있다(94쪽)는 것이다. 그만큼 프로젝트에 포함된 박물관 직원의 투입은 예산의 정확성을 보증하는 데 중요하다.

교부금 작성자가 교부금 항목을 선정하고 필요한 요구 정보를 정리한 다음에는 문장을 완성하게 된다. 저자에 의하면 교부금 작성자는 혼자 이 작업을 하는 것이 아니라, 해당 프로젝트를 감독할 사람, 그 계획 · 실행과 예상결과를 가장 잘 설명할 수 있는 사람과 함께 이 작업을 진행한다(94쪽). 앞에서도 말을 했지만 우리의 경우에는 대규모 박물관에서도 해당 프로젝트의 담당자가 저자가 말하는 그 계획 · 실행과 예상결과를 다 맡아서 문장까지 완성하는 1인 다역多役을 해야 한다. 어떻게 하는 것이 합리적일까. 필자는 교부금 작성자와 같은 역할을 하는 직원이 있어서 별 도움이되지 않을 것이라고는 생각하지 않는다. 왜냐 하면 프로젝트의 내용 구성이 중요한 것만큼 설득력 있는 문장 구성도등한시할 수 없기 때문이다. 보통 교부금 작성 신청서에 문장의 수는 한정적이기에 "핵심적인 정보만을 요약적으로 전달"(94쪽)하는 것이 중요하다. 따라서 교부금 작성자는 이렇게 핵심적인 내용을 간략하지만 전달력 있게 문장을 구성하는 능력을 가지고 있어야 한다.

　　교부금의 신청서를 쓸 때는 실제성이 반영되어야 하는데, 교부금을 신청하는 박물관에서 그것을 어떻게 하든 받아볼 요량으로 필요성과 추진방법 등이 납득이 되어야 함에도 불구하고 그 프로젝트에 대해 고민을 덜 하여 질문에 제대로 답변을 못하여 결실을 맺지 못하고 끝나는 경우가 있다고 저자는 그의 경험에 비추어 말한다. 이러한 일이 발생하지 않도록 교부금 작성자는 밀어붙이려는 박물관 프로젝트 담당자와 조율을 잘 해야 한다. 교부금을 받은 박물관은 당연히 사업 결과를 보고해야 한다. 그 보고시기는 중간보고와 최종보고로 구분되는데, 상황에 따라서는 중간보고는 생략하고 최종보고서만 요구하는 경우도 있다. 최초 신청 당시 계획했던 것이 어느 정도 계획에 맞추어 프로젝트가 실행되었는가를 보는데 저자에 의하면 "교부금을 준 쪽에서는 프로젝트의 모든 것이 실행될 수는 없다는 점을 인정하여 애초 계획에서 어느 정도의 조정을 허용하고 있다"(94~95쪽)고 말한다. 계획은 계획인 것이다. 그것이 완벽하게 실행된다는 보장은 없다. 프로젝트를 추진하는 과정에서 변수가 발행하여 계획이 조정될 수밖에 없는 상황이 일어난다. 우리의 경우 박물관에서 연초에 세운 계획 사업이 진행되는 중간에 변수가 생겨 계획의 변경이 불가피한 경우에는 계획 변경에 대한 보고를 해야 한다. 그래서 저자는 이렇게 말한다.

변화가 의미가 있다면 교부금 작성자는 교부금을 준 쪽에게 정보를 제시할 필요가 있을 것이고 애초 계획한 것보다 다른 방식으로 교부금이 사용될 것이라는 것에 대한 공식적인 승인을 모색할 필요가 있다. 95쪽

이상 보았듯이 교부금 작성자로서 일을 하기에 적합한 사람으로 작문 능력이 있으며 조사능력과 함께 비전문가에게 설득력 있게 설명할 수 있고 예산 수립에 능숙하며 다른 동료들과 협력적으로 하는 일을 즐기는 타입을 저자는 추천하고 있다.

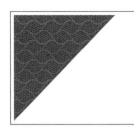

　　이 장에서는 집행 관련 직원으로서 박물관장과 부관장 외에 집행 어시스턴트executive assistant를 다루고 있다. 저자는 관장의 역할을 다음과 같이 정의한다.

> 박물관을 지도하고 이사회와 직원들을 격려하여 효과적으로 일을 하도록 하고 다양한 방식으로 박물관의 지원을 돕는다. 예를 들면 기증을 이끌어내고 컬렉션을 늘리며 그 양을 늘리고 그것을 박물관의 중요한 부분으로 자리매김을 한다.
>
> _ 97쪽

　　박물관에서 관장의 역할은 박물관을 한 단계 높이기 위해 그 능력과 자질을 발휘하는 데에 있다. 박물관 성장의 지표는 다양하다. 그 가운데에는 박물관 전문 인력의 확보, 박물관을 찾는 사람들의 수적 증가, 박물관 예산의 확보, 기부자와 회원의 증가, 박물관의 외적 평가의 상향 등 정량적인 지표 외에도 정성적으로 전시의 질적 향상, 전시 연계 교육 프로그램에 대한 참여자들의 만족도 증가, 박물관 환경에 대한 박물관 이용자들의 만족도 증가, 지역사회에서 박물관의 활동에 대한 외적인 높은 평가, 언론과 전문가에 의한 박물관의 높은 평가 등이 있을 수 있다. 이러한 정량·정성적 평가를 궁극적으로 만들어내는 것은 관장을 위시한 박물관 전문 인력과 행정 인력들의 노력의 성과인 것은 분명하지만 또 부정할 수 없는 것은 리더인 관장의 리더십에 의하여 크게 영향을 받는다는 점이다.

광복 후 우리의 경우도 유일하게 국립박물관장직을 20

여년 넘게 역임한 사람도 있었는데, 저자에 의하면 서구에서도 30년 전에는 박물관장의 재직 기간이 보통 2~30년 정도였으나 요즘은 이러한 경향이 크게 바뀌었다고 한다. 서구의 박물관 조직과 우리의 박물관 조직에는 차이점과 유사점이 존재한다. 서구의 대규모 박물관에서는 관장 밑으로 부관장이 있는데 이 부관장은 한 명이 아니라 박물관의 기능별로 배치가 된다. 즉 컬렉션, 프로그램, 행정의 각각을 총괄하는 부관장이 있다. 그리고 각 부관장 밑으로 컬렉션이라고 하면 박물관 미션에 부합하는 담당 큐레이터, 보존담당, 등록자가 있다(Gail Dexter Lord & Barry Lord, 31쪽). 그러나소규모 박물관에서는 조직이 이렇게 세분화되어 있지 않고 관장 밑으로 행정과 학예로 구분된다. 박물관의 규모가 크든 작든 관장의 역할에 대해 저자는 세 가지를 언급하고 있다. 즉 이사회와 함께 업무 진행, 예산 확보, 그리고 경영이다. 관장은 대외적으로 예산의 확보를 위해 뛰어 다녀야 하지만 그렇지 않고 '책상에 앉아 지시 또는 명령'하는 타입도 있다. 대외적으로 예를 들면 상급 기관에 가서 예산의 필요성을 어필하는 관장이 있는가 하면 예산 담당 직원과 사업 담당 직원이 알아서 예산을 확보하라고 지시하는 관장도 있다. 어느 쪽의 관장이 직원들로부터 환영을 받고 직원들에게 힘이 되고 사기심을 줄까. 당연히 전자이다. 그래서 저자도 관장의 기본적인 세 가지 역할 가운데 예산확보를 강조하는 것이다.

특히 우리의 경우와는 달리 예산 확보가 박물관 경영에

매우 중요한 부분을 차지하고 있는 서구의 박물관에서는 관장의 그러한 역할이 크게 요구된다. 그럼에도 저자는 "관장에 대해 일반화하는 것은 어렵고 (중략 : 필자) 예산 확보를 위해 영입한 관장이 반드시 앞으로 몇 년 후에 새롭게 확장된 박물관을 이끌 가장 최적의 사람이 되지 않을 것"(98쪽)이라고 말한다. 왜일까. 저자는 관장은 예산 확보 이외에도 박물관에게 가장 최선과 우선이 무엇인가를 결정해야 하고 개인적인 성향·배경·관심이 그 결정에 영향을 끼치는 것은 박물관의 발전에 크게 도움이 되지 않는다고 말한다. 그만큼 관장은 박물관학적 마인드와 함께 과학적 경영 마인드, 그리고 축적된 경영 경험이 매우 중요하다.

저자는 "박물관의 개성이 이른 바 관장의 개성과 떨어질 수 없는 것이라면 그 박물관은 그 관장이 계속 재직하면 불안해질 위험에 처하게 되는 것"(98쪽)이라고 경고한다. 이러한 위기에 처하지 않게 하기 위해서는 관장의 개인적인 관심이나 취향을 제어할 장치나 조직이 필요한데 그것이 박물관에서 이사회board of trustees가 될 것이다. 서구에서는 이 이사회에서 관장을 채용하고 감독한다. 이것은 우리의 경우와는 크게 다른 부분이다.

우리의 경우도 「박물관 및 미술관진흥법」상으로는 제7조에 의하면 ①"등록한 국·공립의 박물관과 미술관(각 지방 분관을 포함한다)은 전문성 제고와 공공 시설물로서의 효율적 운영 및 경영 합리화를 위하여 그 박물관이나 미술관에 운영위원회를 둔다. ②운영위원회의 구성과 운영에 필요한 사항은 대통령령으로 정한다"라고 규정하고 있다. 동법 시행령 제6조(박물관 · 미술관 운영 위원회)에서는 ①법 제7조 제1항에 따라 등록한 국공립의 박물관 또는 미술관에 두는 박물관 · 미술관 운영위원회(이하 "운영 위원회"라 한다)는 위원장 1명을 포함하여 10명이상 15명 이내의 위원으로 구성한다. ②운영위원회의 위원장은 위원 중에서 호선互選한다. ③운영위원회의 위원은 해당 박물관 · 미술관이 소재한 지역의 문화 · 예술계 인사 중에서 그 박물관 · 미술관의 장이 위촉하는 자와 그 박물관 · 미술관의 장이 된다.

④운영 위원회는 다음 각 호의 사항을 심의한다.

1. 박물관 · 미술관의 운영과 발전을 위한 기본방침에 관한 사항
2. 박물관 · 미술관의 운영 개선에 관한 사항
3. 박물관 · 미술관의 후원에 관한 사항
4. 다른 박물관 · 미술관과 각종 문화시설과의 업무협력에 관한 사항

이처럼 우리의 경우는 운영위원회의 역할은 "심의"의 기능이다. 심의는 심사하고 토의하는 것을 말하기에 우리 박물관에 두는 운영위원회의 역할은 서구의 이사회와는 다르다. 박물관 경영학의 권위자 로드Gail Dexter Lord & Barry Lord에 의하면 "이사회에서는 박물관장을 임명하여 그에게 직원을 신규채용하고 평가하며 필요하다면 다른 박물관의

모든 직원을 해고하는 일을 위임한다. 일반적으로 박물관장은 이사회의 구성원이 아니나 직권상 이사회의 모든 회의에 참석하여 박물관의 미션에 부합하도록 정책과 계획을 추천한다"(Gail Dexter Lord & Barry Lord, 22쪽). 저자는 로드와는 다르게 "박물관은 반드시 모든 이사회의 회의에 참석하지 않아도 된다"(98쪽)고 말한다. 필자도 저자의 의견에 동의하는데, 이유는 이사회의 회의 안건에 따라 박물관장의 참석여부를 결정하면 되기 때문이다. 우리의 경우도 운영위원회를 설치한 박물관에서는 박물관장이 안건에 따라서 회의에 참석하나, 운영위원회에서 박물관장을 임명하지는 않는다.

따라서 서구의 박물관에서는 박물관장의 '수명'이 이사회에 달려 있기에 긴장할 수밖에 없고 이사회와 "긍정적인 관계"(98쪽)를 유지하는 것이 중요하다. 이사회는 크게 박물관의 관리와 그 재정적 안정을 위해 그 역할을 수행하는데, 그 안에 재정 위원회, 컬렉션 위원회 등이 있다. 저자에 의하면 박물관장은 이사회의 회의에 정기적으로 참석하여 박물관 경영에 관해 보고하고 이사회의 위원들과 의사소통을 한다(98쪽).

앞서 언급은 했으나 부관장을 두고 있는 박물관은 규모가 큰 경우이다. 저자에 의하면 부관장을 준準 관장associate director 또는 실무의 장the chief operating officer이라고 부르듯이 박물관장 바로 밑의 직위로 박물관장을 보조하는 역할을 한다. 앞서 로드도 언급했듯이 여러 명의 부관장을 두고 이는 외부 업무 담당 부관장, 해석과 프로그램 담당 부관장 등과 같이 구분된다. 이 부관장 사이에서도 선임이 있어서 관장 직이 공석일 때 직무대리의 역할을 수행한다. 따라서 선임 부관장을 비롯한 각 부관장은 예산, 기획, 감독과 같은 관장의 책임 범위를 공유하는데 저자에 의하면 두 가지 중요한 차이가 있다고 말한다. 박물관의 직렬상 부관장은 관장에게만 업무 보고를 한다는 점, 내적 업무 지향이라는 점(102쪽)을 든다. 보통 박물관장은 외부에서 기부자를 만나고 지역 사회의 여러 사람들과 기관과 많은 시간을 보내는 반면에 부관장은 박물관 안에서 직원을 관리하고 회의를 진행하며 문제가 발행했을 때 그것을 조정하는 역할(102쪽)을 한다. 보통은 이사회의 회의에는 박물관장이 참석을 하는데 부관장이 초대를 받는 경우 직권의 자격은 아니지만 이사회의 회의에 참석을 하는 경우도 있다.

저자는 박물관의 조직이 위계적으로 원활하게 운용되기 위해서는 "박물관 직원은 거의 박물관장과는 상호 작용을 하지 않고"(103쪽) 부관장이 관장과 박물관 직원 간 중간 역할을 할 필요가 있다고 말한다. 관장 밑에 부관장의 역할을 하는, 우리의 경우 실장이라고 하면 그 밑 박물관 직원과 박물관장 사이의 다리 역할을 하게 된다. 따라서 사업의 기획부터 실행 · 평가에 이르기까지 박물관 담당 직원은 상급 학예연구관과 긴밀한 관계를 유지하면서 업무를 추진하고 거의 박물관장과는 독자적으로 관련 사안에 대해 이야기를 하지 않는다. 중간 역할을 하는 학예연구관, 실장이 관장과 면담하는 자리에서 이미 조율이 끝난 사안을 관장에게 보고하는 자리에 업무 담당 직원이 동석할 수는 있다. 관장 또는 상급 직원이 중간 라인에 있음에도 불구하고 이를 생략하고(요즘 말로 패싱passing) 박물관 담당 직원 간 일방적인 업무 지시나 명령은 박물관의 조직에 큰 혼선을 불러 올 수 있고 궁극적으로는 박물관 업무 추진의 비효율과 함께 불협화음을 낳게 된다.

저자는 이러한 부관장의 역할을 수행하기 위해서는 경력이 중요한데, 7년 내지 10년의 박물관 경력을 언급하면서 전략적 계획 수립, 프로젝트 관리, 직원 감독, 대중 강연, 뛰어난 의사소통 능력 등(103쪽)을 그 자질로서 든다. 서구의 박물관에서는 저자에 의하면 부관장은 한 박물관에서 관장으로 승진하는 예는 드물고 다른 박물관의 관장으로 승진하는 경우가 많으며 급여에서도 관장의 50% 정도(103쪽)라고 한다.

저자는 우리에게는 생소한 집행 보조executive assistant를 "박물관장 팀에서 주요 구성원"(104쪽)이라고 말한다. 저자는 이어서 "박물관장에게는 보조하는 사람이 있어 다른 직원들과 함께 일을 하며 다른 업무를 수행한다"(104쪽)고 말하면서 구체적으로 "박물관장의 일정 체크, 출장 사전예약, 통신 업무 보조, 자료 준비"(104쪽)한다는 업무를 보면 우리의 경우 박물관장을 보조하는 비서실 직원이 이에 해당하지 않을까 생각한다.

이들은 박물관장실에 들어가기 전에 박물관장과 면담 시간을 요청하는 사람들의 접촉 공간에 근무한다. 이들의 업무상 특징이라면 박물관 내외부에서 박물관장 면담과 같은 요청이 왔을 때 "어떠한 요청을 가장 우선시할 것인가, 어떤 것을 거부할 것인가, 또 다른 박물관 직원에게 떠넘길 것인가, 보다 많은 정보 또는 팔로우 업을 요구할 것인가"(104쪽)를 놓고 고민하게 된다. 따라서 박물관장과 가장 가까운 공간에서 박물관장의 업무 일정 등을 조율하고 돕는 역할을 하게 된다. 박물관장의 일정과 내외부의 요구 간 중간에서 문제가 생기지 않도록 빠른 판단이 요구된다. 그래서 저자는 이런 일에 적합한 사람은 일정 관리의 경험과 함께 다양한 사람들과 효율적으로 의사소통이 가능하고 필요한 경우 외부의 요청에 아니다라고 말할 수 있으며 스트레스를 많이 받는 자리이기에 동요되지 않는 차분한 성격이 요구된다(105쪽)고 말한다.

　　박물관장의 박물관 내 업무와 관련하여 박물관장의 결재가 원활하게 이루어질 수 있도록 조율하고 박물관 내 회의 개최 시에 박물관장이 준비해야 할 문서 등을 박물관 직원들과 의사소통하면서 챙기는 일 외에도 외부로부터 방문자가 있을 경우 박물관장의 요청에 응하며 외부 회의 참석이나 언론과의 면담 시에 관련 자료와 일정 전반을 챙겨야 하는 것이기에 박물관 내적 업무상황 외에도 외부의 기관과 인적 네트워크에 대한 많은 정보를 숙지하고 있어야 하는 자리가 바로 저자가 말하는 집행 보조의 역할이다. 박물관장을 찾아오는 방문자에게 차나 커피를 내주는 정도의 역할이 아니다. 박물관의 다른 직원보다도 긴장을 해야 하는 자리이고 복장도 자유롭지 못하고 정장 차림으로 근무를 하는 경우가 많다.

　박물관 조직에서 중요한 지원의 역할을 하는 부서가 있다. 어느 박물관 조직이든 간에 박물관 소장 자료의 수집부터 조사와 연구, 전시와 홍보를 담당하는 학예부서와 박물관의 행정·재정·관리 등을 담당하는 지원부서가 있다. 박물관에 따라서는 홍보 기능이 지원부서에 포함되는 경우도 있다. 그러나 필자는 박물관의 홍보는 지원이 아니라, 박물관의 핵심 기능인 학예 기능과 홍보는 상호 연결되어 있어야 한다는 관점에서 학예부서에 배치되어야 한다고 생각한다. 박물관 홍보 기능은 박물관 행정, 재정과 관리에 가까운 것이 아니라 박물관 학예 기능과 더 협력을 하게 되어 있다.

　저자도 필자와 같이 박물관 지원과 관련한 업무는 "박물관과 특정museum-specific"(109쪽)이 아니라고 말한다. 그러나 이 업무들은 기계로 비유하자면 기계를 돌리는 기름과 같은 것이다. 따라서 기계와 기름이 각각이 아니듯이 실제는 "박물관과 특정한 관계"(109쪽)를 가지고 있는 것이다. 저자도 필자와 같이 이러한 일반적인 지원 업무에 관심이 있는 사람은 "그에 대한 추가적인 조사"(109쪽)도 필요하다고까지 말한다. 우리의 국공립박물관의 경우 지원부서에 근무하는 직원들은 인사 발령으로 이동을 빈번하게 하게 된다. 이것은 박물관의 학예업무에 대한 이해도나 관심도가 그렇게 크지 않다는 것을 말해준다. 그렇다고 지원 부서에 근무하는 직원이 다 그렇다는 것은 아니다. 대체적인 경향이 그러하기에 학예부서와 지원부서 간 '갈등'과 불협화음이 존재하는 것도 사실이다. 그렇다고 해서 필자의 경험으로는 박물관에서조차도 박물관 지원 부서에 인사 발령으로 새롭게 오는 직원들에 대해 박물관의 업무와 기능과 미션 등을 교육하는 프로그램이 운영되지는 않는다. 그러나 그들에 대한 오리엔테이션은 매우 중요하다. 이러한 프로그램 운영이야말로 박물관 학예부서와 지원부서 간 불협화음을 적어도 최소화할 수 있는 장치이다. 거꾸로 인사발령으로 박물관 지원 부서에 근무하게 되는 직원의 입장에서는 박물관에서 그들에게 박물관의 업무 전반, 역할과 기능과 미션 등을 상세하게 '가르쳐 주기'를 바랄 지도 모른다. 박물관 경영상 박물관 직원 간 의사소통이 원활하게 이루어질 때 문제가 적은 것은 두말할 필요가 없다. 상대 직원의 업무에 대해 충분하게 이해를 하고 있을 때 학예부서의 업무가 무리 없이 진행될 수 있도록 지원부서에서 문자 그대로 협력하게 된다.

저자는 이렇게 말한다. 박물관에 근무하는 전 직원이 "보다 활기찬 지역사회를 만들고 교육적 자료와 경험을 사람들에게 제공하는 데 도움을 준다는 의식"으로 "박물관 미션에 공헌"(110쪽)한다는 생각을 하지 않으면 안 된다고 말이다. 박물관 경영은 쉽지 않다. 박물관 경영의 주체는 박물관의 전 직원이다. 그러나 박물관 직원이 박물관에서 일을 하는 동기와 목적은 다양하다. 그 다양함은 박물관 직원의 직급이나, 정규직과 비정규직, 급여의 차이, 역할의 차이, 각 개인의 사명감 등으로 나타난다. 그 다양함은 긍정적인 의미에서는 박물관 업무의 역동성을 불러일으킬 수도 있으나, 역으로 직원 간 갈등을 가져올 수 있는 요소이기도

하다.

박물관 전문 인력에 대한 육성제도가 마련되어 있지 않은 우리의 상황에서 보면 같은 학예직이라고 하더라도 전문성과 경력에서 차이가 난다. 극단적으로 말하면 박물관에 근무하면서부터 그 전문성과 경력을 쌓게 되기에 마치 길드와 같은 방식이 작용하여 박물관에 먼저 취직한 직원이 학예직의 '모델'이 된다. 박물관의 업무 방식에 있어서 개선보다는 그 모델의 모방이 거듭 되면서 '전통적인 관행'이 정당화된다. 그래서 박물관의 직장 문화가 '보수적'이라고 말하는 이유가 여기에 있을 수 있다.

저자는 이 11장에서 박물관 경영에 대해 크게 인력관리 매니저, 시설관리 매니저, 재정 담당관, 정보기술 전문가로 나누어 이야기를 하고 있다. 우리의 박물관 조직상 박물관 지원 부서에서도 인사, 시설관리, 예산운용, 정보시스템 관리 등을 담당하고 있다. 최근에는 박물관 소장 자료에 대한 전자적 접근의 확산에 따라서 박물관에서도 정보시스템 관리 업무의 비중이 높아지고 있는 추세에 있다. 이것은 박물관이 박물관을 찾는 사람들의 박물관에 대한 이용방식의 변화에 적극 대응하고 있다는 것을 보여주는 것이다.

흔히 HR로 표기하는 인력human resources, 박물관 인력관리 매니저는 "박물관에서 피고용인 관계의 모든 측면"(110쪽)을 다룬다. 단순히 채용만이 그 업무가 아니라, 박물관이라는 직장에서 근무하는 피고용인을 둘러싼 여러 문제들, 예를 들면 근무상황(출퇴근, 근태, 휴가, 병가, 조퇴, 휴직 및 퇴직 등), 복지, 보험, 교육, 고용 여건의 개선(승진, 인사이동 등), 인사 감사 및 징계(경고, 주의 포함), 급여, 건강 상태, 고충과 갈등, 상·장례, 연말결산, 인센티브 등의 업무를 담당한다.

필자는 박물관 규모에서 보면 약 80여명의 박물관과 200여명의 직원을 가진 중앙부처 소속 기관 내 박물관에 근무한 적이 있다. 모두 국립이었는데 한국 사회에서 인간관계의 방식과 직장 문화가 시대에 따라 변화되기 때문에 직장 내에서 인력 관리 매니저가 실질적으로 큰 관심을 보일 필요가 있는 영역은 직장 내 갈등의 문제라고 생각한다. 이 갈등이 극단적인 상황으로 치닫는 경우, 동료 직원이 박물관을 떠나거나 심지어 병을 얻거나 극단적인 선택을 하는 경우도 들었다. 박물관 직원의 결원이 생기면 행정 절차에 따라 다시 채용하면 문제는 해결된다고 단순히 생각해서는 안 된다. 그 간 박물관에서 '훈련된' 인력이 손실된다는 점을 생각해야 한다. 그것은 다름 아니라 박물관의 역할에서 보면 마이너스 경영이 되는 것이다. 어느 조직도 마찬가지이지만 조직의 경영에서 가장 중요한 요소는 인력이다. 이 인력관리를 어떻게 과학적이고 효율적으로 할 것인가, 박물관의 전 직원이 박물관 근무를 통해서 삶의 목표를 실현하고 보람을 느끼며 박물관의 역할 강화에 '기여'하도록 할 것인가. 적어도 박물관의 학예부서의 직원들은 박물관이 그들의 '평생직장'이라는 생각과 의식을 어떻게 갖도록 할 것인가.

필자 자신도 박물관 직원의 한 사람으로서 생활을 한 적이 있기에 거꾸로 이렇게 생각해 본 적이 있다. 만약에 내가 박물관장이라면 어떻게 이 문제들을 풀어가야 하나, 정책이나 해결책은 가지고 있는가. 그러나 실제 필자가 규모가 작은 박물관의 관장으로 12년 근무하는 동안 이 문제의 해법을 찾으려고 노력하지 못했다. 전혀 노력하지 않았다는 것은 아니지만 가시적인 정책이나 해결책을 내놓지 못하였다. 그렇다고 12년 동안 박물관 직원 간 갈등이 없었던 것도 아니다. 그러나 이제 생각해 보면 이 문제를 방치했다는 생각이 든다. 그 때는 박물관 직원에게 '성인으로서 성숙한 자세와 생각'으로 직원 간 갈등이 일어나지 않도록 상호 협력과 협조를 기대했다. 그러나 이제와 생각하면 그것은 잘못된 것이었다. 갈등의 당사자끼리 만나서 식사나 술한 잔 하고 끝낼 문제가 아니다. 시스템적으로 이 갈등을 최소화할 수 있는 장치를 구축하여 운용할 필요가 있다. 저자는 이에 대해 어떤 생각을 하고 있는가.

저자는 "인력관리 매니저의 또 다른 중요한 업무는 갈등, 예를 들면 직원 간 논쟁disputes between employees, 징계상의 문제disciplinary issues, 형편없거나 부적절한 업무수행poor or inadequate performances을 다루는 것"(110쪽)이라고 말한다. 인력관리에서 이 문제를 빠뜨리고 이야기할 수 없다. 앞서 이야기한 것처럼 어느 조직이든 이 문제로부터 자유로울 수 없다. 그만큼 인력 관리 부서에서 이 문제는 중심과제이다. 저자가 들고 있는 직원 간 논쟁, 징계상의 문제, 업무 수행의 문제점, 이것들은 조직에서 늘 따라 다니는 문제들이다. 이러한 문제가 생기지 않도록 하기 위한 방법으로 저자는 "공정과 동정을 실천하는 투명한 의사소통자a clear communicator"(110쪽)여야 한다고 말한다. 저자는 결국 이 문제를 해결하는 방법으로 의사소통을 중시하고 있다. 물론 인사관리 매니저는 중재자로서 의사소통을 잘 할 수 있는 자질을 소유하고 있어야 한다는 것은 말할 필요도 없다. 저자는 더 이상 이 문제에 대해 언급하고 있지 않는데, 필자로서는 그 이상의 서술을 기대했다. 물론 저자나 필자나 인력관리 전문가가 아니기에 많은 것을 기대하기는 어렵다. 그러나 필자의 입장에서 졸견을 피력하자면 다음과 같다.

박물관을 비롯한 모든 조직에서 나타나는 갈등의 문제는 그 발생의 배경이 다양하다. 최근에는 성性 차별과 관련한 문제들, 예를 들면 성희롱, 성추행뿐만 아니라 직급 간 모멸적인 태도와 언사, 같은 직급이라고 하더라도 연령 등 차이에 의해 보이지 않는 권위적 태도, 장애를 가진 직원에 대한 차별 등이 존재한다. 이것이 박물관 내에서 직원 간 업무 외적 요소로 인하여 갈등이 발생하며 업무의 추진 과정에서도 의견의 충돌로 인한 감정적 논쟁으로 번져 양자 간 갈등이 깊어지는 경우가 있다. 자, 이런 갈등의 현상은 나열하자면 이보다도 많다. 나열이 중요한 것이 아니라, 이 갈등을 어떻게 최소화할 것인가, 갈등이 없을 수는 없다. 다양한 생각과 의식을 가진 사람들이 한 직장에서 만나 생활을 하면서 갈등은 어떻게 보면 자연스런 현상이라고 말할 수 있을 지도 모른다. 그러나 문제는 이 갈등으로 인하여 문제가 더 커져서 박물관의 역할과 기능에 해가 되고 개인적으로도 마음의 큰 상처가 된다면 그것은 박물관의 인력관리에 실패한 것이나 다름없다.

자, 그렇다면 어떻게 갈등의 문제를 최소화할 것인가. 이 갈등의 문제를 해결할 수 있는 전문가로부터 인력관리 매니저는 교육을 받거나 개인적으로 학습을 하여 유사전문가가 되어야 한다. 갈등은 초기에 파악하여 초기에 봉합하는 것이 중요하다. 갈등의 소지를 사전에 없애는 노력의 하나로 예를 들면 업무 추진 과정에서 일어날 수 있는 갈등의 소지를 파악하여 조기 조치를 취하는 방법이다. 이것은 인사 관리 매니저가 일일이 다 파악할 수 없으므로 이른 바 인력 관리 매니저를 위원장으로 하고 외부의 갈등 관련 전공자, 내부 직원을 위원으로 하는 '갈등해소위원회'같은 것을 조직하여 수시로 회의를 개최하여 모니터링을 할 필요가 있다.

그리고 '갈등해소소통창구'를 마련하여 언제든지 갈등을 겪고 있는 당사자가 고충을 터놓을 수 있는 장치를 설치하는 방안이 있을 수 있다. 조직 안에서 갈등을 해결해 주는 이런 장치가 없는 경우, 갈등을 겪고 있어도 표면으로 드러내려 하지 않게 되고 이것은 결국 갈등의 골이 깊어지는 결과를 낳는다. 이 단계쯤 되면 갈등을 해결하려고 해도 박물관의 관련 업무 담당자는 힘이 든다. 힘이 들더라도 갈등이 봉합이 되면 좋겠으나 그렇지 못하고 현상 유지가 되는 경우도 있다.

이러한 문제가 발생하는 이유 가운데 하나로 저자는 다

음을 뽑고 있다. 즉 보통 직원들의 상급자들이 "중요한 경영의 훈련을 받고 있지 않다"(111쪽)는 점을 지적한다. 이 지적에 대한 구체적인 내용은 알 수 없으나, 우리의 박물관에서는 중간 관리자라고 말할 수 있는 학예연구관(5급)은 임용되기 이전에 관리자교육을 이수하게 된다. 아마도 교육과정 안에는 직장 갈등해소를 주제로 한 교육이 있을 것이다.

상급자와 하급자 간 위계질서는 조직 운영상 불가피한 것이지만 실제로 그 질서 안에서 업무를 추진할 때는 저자가 언급하고 있듯이 "상급이라는 것으로써 자연적으로 감독이 될 것이라고 기대"(111쪽)하기보다는 교육을 받아야 하는 "특별한 기술"에 의한 감독이 요구된다. 그만큼 상급자의 하급자에 대한 감독 지도는 이전처럼 합리적이지 않은 일방적인 지시와 명령만으로는 통하지 않는 시대가 되었다. 직장문화의 '민주화'로 인하여 하급자가 부당한 지시와 명령을 비합리적이고 비민주적이라고 생각하면 재검토를 요구하는 상황에 와 있다. 그렇다면 이제 상급자에게 요구되는 것은 감독과 지시의 방식이 변해야 한다. 그래서 상급자에게 하급자와 의사소통할 때 기술a skill이 크게 요구되는 시대가 되었다.

저자는 인력관리상 문제가 생기는 경우 인력관리 매니저는 우선 법과 정책을 고수하게 되고 이를 토대로 그 법과 정책을 위반한 직원에게 그 정책과 법이 왜 적정하고 그것을 이행해야 하는가를 설명하게 되는데, 저자에 의하면 이러한 매니저의 역할이 점점 중요시 되고 있다. 그렇다면 인력관리 매니저의 역할이 중요한 것인 만큼, 저자는 아래와 같이 명심할 점을 제시한다.

> 감독의 역할을 하는 일부 박물관의 전문가들은 비록 그들이 좋은 의도로 하겠으나, 인력HR에 관하여 가장 좋은 교육을 받지 않는다. 이렇게 하는 이유는 박물관이 적은 인력으로 운영되거나 접근할 수 있고 이용 가능한 경영훈련 프로그램을 가지고 있지 않기 때문이다.
>
> _ 112쪽

저자는 다음으로 "박물관에서 무명의 영웅"(112쪽)이 다름 아닌 시설 매니저라고 말하면서 박물관에서 시설 매니저에 대한 전반적인 언급을 시작한다. 필자는 저자의 이런 표현에 전적으로 동감한다. 박물관에서 시설은 박물관 건물의 수명 관리와 관련한 것으로 가장 우선적으로는 박물관의 안전을 위해 '묵묵히' 일을 하는 직원들이 시설 업무 담당자들이다. 우선 생각나는 대로 열거해 보면 소방부터 방재, 범죄 예방, 도난 방지, 화재, 재난, 비상사태, 전기, 전시실과 화장실 등 박물관의 모든 시설과 공간, 수도, CCTV, 주차 공간 관리, 조경 등이 시설 관련 부서의 업무이다. 박물관을 찾는 사람들이 아무런 불편함이 없이 박물관의 여러 시설을 이용하도록 하기 위해서는 계절적으로 예를 들어 겨울에는 제설 작업을 하여 미끄러지지 않고 박물관을 찾을 수 있도록 한다. 규모가 작은 박물관에서는 불가피하게 직원 전체가 제설 작업을 수행할 수밖에 없다.

　또 박물관이 소장하고 있는 자료가 내·외부 환경 변화에 의하여 훼손이나 변질이 일어나서는 안 되기에 수장고의 보존환경 유지를 위한 항온기의 작동, 습도 조절, 외부로부터의 곤충 등의 침투 방지 등에 각별한 신경을 써야 하며 전시실의 자료도 전시실 내 온도와 습도를 적정 기준에 따라 유지가 되고 있는지를 늘 체크해야 한다. 저자는 이러한 HVAC(즉 열heat, 배기vendor, 공조시설air-conditioning)가 원활하게 작동하는지를 주의 있게 체크하는 업무가 박물관에서 시설 매니저의 중심 업무 중 하나가 된다고 말한다. 박물관의 화재 시에 그에 대응하는 매뉴얼을 만들고 이 매뉴얼에 따라 박물관 관람객을 어떻게 대피시킬 것인가, 박물관 소장자료, 전시실의 자료를 어떻게 이동시킬 것인가 등에 대해 평소에 훈련이 절대 필요하다. 또한 시설 관리에서 화재 시에 스프링쿨러나 하론가스가 제대로 작용을 하는지, 화재 경보가 제대로 울리는지에 대해 면밀한 검토가 필요하다.

　저자는 박물관에서 시설 관리 업무가 "긴박한"(112쪽) 것이기에 문제가 발생했을 때 대체나 해결능력을 갖춘 시설 관리 인력이 필요하다(113쪽)고 말한다. 저자는 박물관의 제반 시설에 대한 업무를 수행하기 위해서는 다음과 같은 점을 명심할 것을 주문한다.

　　시설 매니저가 되기 위해서는 절대적으로 필요한 것이 긴박한 상황에 대처하기 위해서뿐만 아니라 예를 들면 설

치와 처리와 같은 일부 행사에 참여하기 위해 유연한 계획
이다. 시설 매니저는 적어도 종종 밤 시간에 전화가 걸려올
것도 예상해야 한다. 예를 들면 폭풍우가 있을 동안 박물관
을 확인해야 하기 때문이다. 따라서 시설 매니저는 그런 긴
급한 상황 동안에 긴 출근에 직면해야 하기보다는 박물관에
가깝게 사는 것이 유익하게 생각할지 모른다.

비록 시설 매니저의 업무가 접촉 위주이지만 거의 모든
박물관 직원들과 접하고 또 박물관을 찾는 사람들과 상호
작용할 수 있다. 예를 들면 청소를 위해 임시적으로 공간이
폐쇄된다는 점을 설명하거나 휠체어를 타는 사람을 도와주
기도 한다.

_ 114쪽

이처럼 박물관에서 시설 업무를 담당하고 있는 직원은
박물관 안과 밖에서 육체적으로 일을 하며 박물관의 안전
과 기능의 원활한 수행을 위해 노력을 하고 있다. 그래서
저자는 이들을 "무명의 영웅"이라고 언급하고 있는 것이다.

그 다음으로 박물관 지원 부서에는 박물관의 재정을 총
괄하는 재정관director of finance이 있다. 이 책에서 저자가 언
급하고 있는 박물관 재정 운영방식은 우리 국·공립박물관
의 상황과는 큰 차이가 있어서 여기에서는 주로 저자가 서
술하는 외국의 박물관 재정 운영방식을 중심으로 이야기하
고자 한다. 필자가 이렇게 생각하는 이유는 외국의 박물관
재정 운영방식을 통해 우리의 상황이 갖는 문제점을 짚어보

기 위함이다.

박물관의 재정관은 박물관으로 재정이 들어오고 나가는 수입과 지출에 관한 업무를 담당한다. 저자에 의하면 외국 박물관에서 재정은 "현금, 저축, 투자"와 관련한 박물관 계정을 관리하고, 예산을 창출하고 추적하며, 현금을 준비하고 관리하며, 청구서를 지불하는 일이다. 한 마디로 박물관에서 재정은 박물관 계정을 관리하는 일에 있다고 정리될 수 있다. 서구의 박물관에서는 GAAP라고 해서 재정규정 Generally Accepted Accounting Procedures에 따라 재정 업무를 진행한다. 여기에서 말하는 재정규정은 "조직의 돈을 관리하는 일과 관련하여 법적 책임, 정책, 절차, 실행"(114쪽)을 정리해 놓고 있는 것이다. 저자는 비영리기구나 단체에서의 회계와 영리를 기반으로 하는 기업 간에는 약간 차이가 있다고 하면서 주요한 차이로 "비영리는 미션에 따라 주로 돈을 버는 데 있기보다는 사회에 이익을 주는 데 있다"(114쪽)고 말한다. 또 다른 차이는 "박물관은 반드시 추적되어야 하는 용도의 기금에 한정되어 왔다"(114쪽)고 말한다. 예를 들어 기부자가 기금의 용도를 지정하면 특정 목적에 보통 사용되고 건물을 짓는다든지 하는 특정한 목적을 위해 기금이 조성된다.

저자는 "재정담당관은 오류를 빨리 잡아내고 어떠한 기금도 잘못 사용되지 않도록 조직 내 현금과 차액 등에 대한 내적 통제를 강화해야 한다"(114쪽)는 점을 강조한다. 이를 위한 중요 조치는 "의무의 분리segregation of duties"(114쪽)인데, 이것은 다름 아니라 재정에 관한 한 어느 누구라도 전반적인 통제권을 가지지 않도록 하기 위한 것이다.

저자는 이와 관련한 예를 다음과 같이 들고 있다. 재정관은 보통 현금을 준비하지만 현금 결재권한을 가지지는 않는다. 만약에 한 사람의 직원에게 두 개의 의무를 갖도록 하면 "부정으로 박물관의 위기가 늘어날 수 있다"(114쪽)는 것이다. 박물관의 위기는 다방면에 걸쳐 있다. 그래서 박물관은 사회적 비영리 기구로서 그 사명을 다 하기 위해 늘 긴장하고 노력하지 않으면 언제든지 위기에 처할 수 있다. 공공성을 띠고 있는 박물관은 사회적 공적 기관으로서 박물관을 찾는 사람들에게 편견이나 불평등을 느끼게 해서는 안 된다. 그리고 박물관 내적으로 직원 간 불평등이나 차별(성차별 포함), 편견 등이 있어서는 안 되며 재정 운영에 있어서도 투명해야 하며 우리의 경우 소장 자료의 구입에 있어서도 출처가 불분명하거나 역사성이 결여되어 있거나 유통과정이 합법적이지 않은 것은 구입목록에서 제외시켜야 한다. 또 박물관의 미션에 부합되지 않는 자료나 유물의 구입도 삼가야 한다. 박물관의 위기는 내외에서 온다. 박물관에게 가장 기본적인 것은 의사소통이라고 생각한다. 이 소통이 내외적으로 원활하게 되지 않을 때 위기는 다가온다.

박물관 내적으로는 직원 간 소통이요 외적으로는 박물관을 찾는 사람과 관련 기관과 사람 간의 소통이다. 이 소통에서 가장 기본은 법적으로 정해진 테두리 안에서 편견과 차별 없이 공정하고 동등하게 의사를 주고받으려는 인식과 자세이다.

저자도 언급하고 있듯이 2,30년 전의 박물관을 운영하던 방식과 비교하여 오늘날 박물관의 경영방식은 크게 변하고 있다. 특히 저자에 의하면 서구에서는 한 사람의 박물관 관장이 2, 30년 동안 여러 작은 박물관에 걸쳐서 재직하는 경우도 있었기에 큰 변화를 기대하기 어려웠다고 한다. 그러나 오늘날의 상황은 변했다. 우리의 경우도 서구가 이전에 그렇게 했던 것처럼 한 사람의 박물관장이 이 박물관, 저 박물관의 관장으로 자리를 옮겨 다니는 예를 보게 된다. 이러한 현상이 반복되는 이유 가운데 하나는 서구에서와 달리 우리에게는 전문가를 이론적·경험적으로 육성하는 제도가 존재하지 않는다는 점에 있다. 이에 대한 검토와 개선이 시급한데도 정부에서는 별 관심이 없다.

정부가 박물관학에 관심이 없는 이유에 대해 무지하다고 하면 한 쪽으로 기운 것 같고 인식이 깊지 않기 때문이 아닌가. 그들에게 박물관은 자주 보고 들어 알고 있어도 '박물관학'은 생소한 것이 아닌가. 하긴 ○○○학이라고 이름을 붙인 학문 분야가 많아 헷갈리기도 하다. 각 지자체별로 제주도학, 경기학, 서울학 등등 각 도나 지자체 이름에 학을 붙여 학문화하는 경향이 늘고 있는 추세에 박물관도 거기에다 학을 붙여 박물관학이라고 한 것이 아니냐고, 기존의 정통적 학문 분야에서 파생되어 나온 것에 불과하지 않느냐고 별 관심이 없어 관심을 끌지 못하는 것처럼 생각된다. 실제는 그렇지 않다. 박물관학은 앞서 언급한 ○○

학과는 그 역사가 다르다. 박물관학은 역사적으로 19세기부터 서구에서 시작되었다. 일본에서는 서구의 영향을 받아 19세기 말부터 박물관학이 시작되었다. 우리는 그것을 시작도 하지 않았다고 말하면 지나친 것일까.

저자가 박물관 위기를 언급해서 필자가 한 마디 거들었다. 계속 박물관 재정에 관한 저자의 이야기를 들어보도록 한다. 재정관은 같은 부서에서 일하는 동료들 가운데 예를 들면 안내 데스크front desk, 박물관 숍이나 카페, 프로그램 사무실programs office, 개발실development office의 수입을 취급하는 직원들을 훈련시키고 감독한다. 우리의 박물관에서는 박물관 숍이나 카페는 문화재단이나 외부 업체가 국가시설 사용과 관련한 계약으로 운영하는 경우가 대부분이다. 외국 박물관의 안내 데스크는 박물관을 찾는 사람들에게 단순한 정보를 제공하거나 문의에 대해 도움을 주는 역할이 아니라, 필자의 경험으로는 멤버쉽membership 가입도 이루어지는 공간이다.

미국의 박물관과 미술관에 가면 안내 데스크 옆에 멤버쉽 가입 코너가 함께 있다. 우리의 박물관에서는 멤버쉽이 활성화되어 있지 않으나, 외국의 박물관에서는 멤버쉽의 회원에 가입비를 지불하여 가입하면 반대급부적으로 할인을 받고 박물관의 여러 활동에 적극 참여함으로써 박물관의 기능에 서포터의 역할을 한다. 여기에서 저자가 언급하는 프로그램 사무실이나 개발실의 실체는 그에 관한 설명이 없어 무엇인지 모르겠다.

지출에 대한 추적이 신중하게 이루어져야 하는데, 저자에 의하면 직원이 신용카드, 소액 현금, 수표, 구매 주문과 온라인을 통해 구매한 것이 승인이 된 것인지, 그리고 그 구매 상품이 청구서와 일치하는지를 꼼꼼히 살펴보아야 한다. 물품을 구매하기 이전에 구매 신청을 하게 되고 이를 이미 승인한 것이기 때문에 저자의 언급에서 구매 물품에 대해 승인이 된 것인지를 확인한다는 것은 아마도 승인이 안 된 물품이 혹여 구매된 것이 있는지를 확인할 필요가 있다는 것을 말하는 것으로 보인다.

저자에 의하면 재정관은 또 관장과 부서장들과 부서의 예산을 배분하고 재정운영위원회와 업무를 진행하게 되는데, 재정운영위원회는 연간 예산 통과의 책임을 궁극적으로 지고 있다는 것이다. 이것은 우리의 박물관 상황과는 크게 다른 부분이다. 우리의 「박물관 및 미술관진흥법」에서는 박물관에 운영위원회를 설치할 수 있다는 조항은 있으나, 아마도 국공립박물관에 운영위원회를 설치한 박물관은 드문 것으로 알고 있다. 사업을 추진할 때마다 거기에 맞는 자문회의를 진행하는 것이 전부이다. 그러나 외국의 박물관에서는 박물관의 이사회board of trustees의 역할이 중요하다.

　이 책의 〈시작하기〉에서 언급했듯이 이 책의 특징 중 하나는 박물관에서 일을 하고 싶어 하는 사람에게 요구되는 "기술과 경험skills and experiences"을 제시하는 것이라고 말한 적이 있다. 실제로 박물관에서 일을 해 보기 전에 '낭만적'일 것으로 생각하고 박물관과 인연을 맺은 이후 '퇴직을 고민'하는 경우도 있다. 문화유산을 바라보는 것은 귀중하여 '아름답고 낭만적'일 수 있겠으나, 문화유산이 귀중한 만큼 그것을 보존·관리하는 일은 그렇게 생각한 것과는 별개의 차원이다. 그것은 '이상과 실제' 간의 갭을 극명하게 보여주는 사례 중 하나가 될 수 있다. 그래서 이 책이 그런 사람에게 참고가 될 것으로 생각한 것이다.

　이 장은 아마도 이 책의 결론과 같이 의사소통으로서 박물관 큐레이터의 작문 능력, 대중적 대화, 박물관을 찾는

제12장

보편적으로 요구되는 기술, 구별되는 방식
Universal Skills and Distinct pathways

사람에 대한 서비스, 박물관의 기능과 역할에서 우선순위 매기기prioritization, 진취적인 자세, 박물관의 미션과 관련짓기, 평가, 박물관 업무 수행능력 개발, 방법 선택을 다루고 있다. 이것은 이 책의 '총결산'이 아닌가 생각한다. 이 장부터는 앞의 장과는 다르게 박물관에서 일을 하고 싶어 하는 후보 큐레이터에게 초점을 맞추었다기보다는 보다 넓은 관점에서 박물관을 운영하려고 하거나 운영하는 관장 이하 박물관 직원에게 던지는 메시지이다. 그래서 장의 구성도 앞의 장과는 다르게 후보 큐레이터에게 해당 직종의 적합도 측정, 경력과 경험, 그리고 명심할 사항은 생략하고 있다.

사실 저자는 박물관 규모, 미션 등 박물관에 따라 그 업무와 역할이 다르기 때문에 "많은 기술이 누락될 수 밖에 없었다"(121쪽)고 말한다. 너무 당연한 말이다. 저자도 말하고 있지만 박물관의 업무에서 보편적인 것을 중심으로 논하면 그것으로 충분하다. 박물관에 따라서 특수적인 업무에 관한 것은 별도로 이야기하면 된다. 그래서 이 장에서는 박물관 업무에서 요구되는 "보편적인 기술universal skills이라고 할 만한 것"(121쪽)을 논해 보겠다는 것이다. 이렇게 접근하는 것에는 장점이 있다고 저자는 말한다. "그러한 보편적 기술과 경험을 가지고 있는 사람에게는 도움이 될 수 있고 매우 경쟁적인 영역에서 응대할 수 있는 능력을 발휘할 수 있으며 그것이 보편적인 것이기에 박물관 직원이 박물관에서 유연하게 될 수 있다"(121쪽)라는 저자의 언급에서 필자는 보편적인 박물관학이 그만큼 중요하다는 것을 재확인한다. 대학 안에서 박물관학을 이론으로만 접근해서는 안 되며 반드시 실제와 경력을 쌓을 수 있는 기회를 가져야 하는데, 그 두 가지 영역의 교과과정을 운영해야 능력 있는 박물관 학예인력을 육성하는 길이 된다. 대학에 혹시 대학 박물관이 없는 경우에는 주변의 국·공립박물관과 MOU를 체결하여 예비 학예인력에게 기술과 경력을 쌓도록 하는 방안이 있을 수 있다. 이제는 국공립박물관에서도 '후보 학예인력을 위한 전문교육프로그램'을 기획하여 운영할 필요가 있다.

우선 박물관에서는 모든 것이 문장과 기호와 부호, 이미지 등이 담긴 책자, 전시도록, 레이블, 전시실 등 공간 이용 안내 시그널, 전단지, 뉴스레터, 공지문, 멤버쉽 소식, 팸플릿, 포스터 등등이 박물관을 찾는 사람들뿐만 아니라 박물관 직원, 자원봉사자와 공유된다. 그것은 말하자면 박물관의 '공통 언어'와 같은 것이다. 이 언어는 문장으로 구체화되는 경우, 이 문장을 누가 작성하는가 하면 박물관 학예인력이 주로 담당을 하게 되고 작성된 문장에 대해 내부적으로 여러 차례의 검토를 거친다. 마치 신문사에서 신문에 헤드라인을 뽑을 때와 같이 박물관에서도 전시 제목이나 박물관 교육 등 각종 프로그램의 타이틀을 선정할 때와 같은 과정을 거치게 되는 것이다. 신문사에서도 아마 그 헤드라인은 기자가 뽑게 될 것이다. 박물관의 학예직에게는 문장력이 크게 요구된다.

저자는 이러한 문장력과 함께 박물관의 학예직에게 요구되는 또 하나는 언어구사력이다. 학예직이 연설할 것도 아닌데 이것이 왜 중요한가 라고 의문을 가질 수 있겠으나, 박물관 학예직은 전시 안내 오디오에 음성으로 설명을 해야 할 뿐만 아니라, 여러 계층을 대상으로 전시 도슨트나 강사의 역할을 수행하게 된다. 이 때 학예직이 구사하는 언어, 단어 하나하나가 박물관을 찾는 사람들에게는 큰 영향을 끼친다. 경우에 따라선 박물관의 어느 전공 분야에서 '최고'로 평가되는 학예직이 박물관에 근무하는 경우, 그 박물관은 자연스럽게 '유명'해지는 것이다. 박물관의 학예직에게는 문장 구성력과 함께 언어 구사력이 크게 요구되는 이유를 알게 되었을 것이다.

저자는 문장력에 대해 크게 두 가지로 구분한다. 설명하는 방식expositive의 문장과 설득하는 방식persuasive의 문장이 그것이다. 전자는 박물관의 큐레이터, 교육 담당, 아카이브 담당 그 외 관련 직원이 박물관을 찾는 사람들에게 "정보를 제공하는 것"(122쪽)이다. 그런데 여기에서 한 가지 의문이 있을 수 있다. 박물관도 학교나 학회에서와 마찬가지로 연구기관의 역할을 한다. 그렇다면 일반인에게 주제를 가지고 설명한다면 그 수준과 방법 등은 같은가 다른가 하는 점이다. 당연 달라야 할 것이지만, 경우에 따라서는 비슷하기도 하다. 그러나 일반적으로는 양자는 다르다. 왜냐 하면 박물관은 전문적인 학술기관은 아니기 때문이다. 그것도 박물관을 찾는 여러 다양한 사람들에게 설명을 하는 것이기 때문에 특수·전문 용어는 가급적 사용하지 않는다. 그 점이 박물관과 전문적인 학술기관과 다른 부분이다. 저자는 예외로 대학박물관을 들고 있다. 물론 필자도 이에 동의한다. 그러나 개방된 대학박물관에서라면 그 역시 전문적인 특수용어나 학술용어보다는 문장의 수준을 잘 맞추도록 노력해야 할 것이다.

저자는 또 다른 방식, 즉 설득하는 방식은 우선 "독자들에게 확신을 주려고 노력하는 것"(122쪽)과는 다르다고 말한다. 또 겉만 번지르르하게 물건을 팔기 위한 멘트도 아니라고 한다. 박물관의 활동을 언론을 통해 보도하고 박물관을 찾는 사람들에게 특별전이나 박물관 행사에 참여할 것을 '권유'한다. 저자는 박물관에서 설득하는 방식의 목적은 "독자들에게 지원을 얻으려고 하는 것"(122쪽)에 있다고 말한다. 후자는 결국에는 박물관의 마케팅활동과 관련된 문장력이다.

저자는 이렇게 박물관의 학예직에게 문장력이 크게 요구된다는 주장에서 그치는 것이 아니라, 어떻게 하면 그러한 문장력을 키울 것인가 하는 방법까지도 제시한다. 저자는 간단히 말한다. "써라, 써라"(122쪽). 즉 반복적인 연습이 중요하다고 말한다. 아마도 서구의 대학에는 "작문센터 writing center"(122쪽)라는 곳이 있는 것 같다. 저자는 대학 재학 중에 이러한 센터를 충분히 이용할 것을 권한다. 그렇지 않으면 "이전 학창 시절의 교사가 문제라고 지적해 준 부분을 다시 써 보라"(122쪽)하면서 박물관에 유용한 작문 양식을 연습할 것을 주문한다. 그러나 필자가 생각하기에는 대학의 박물관학 과정에서 이런 연습이 없다면 박물관에 근무하면서 연습하는 수밖에 없다.

그 다음으로 언어구사력에 관한 것이다. 박물관은 박물관을 찾는 사람들뿐만 아니라 외부의 관련 기관 또는 사람들에게 박물관의 콘텐츠와 메시지를 전달하여 박물관의 활동참여의 동기를 부여하여 박물관의 미션을 수행한다. 저자는 이렇게 말한다. "큐레이터는 강의를 하고 교육 담당자는 워크숍에서 교육하며 투어를 이끌고 개발 담당자는 기부자들에게 내용을 말하며 대외 관련 담당자는 언론에 이야기를 하는 등등"(122~123쪽)이 바로 박물관의 직원들에게 언어구사력이 요구되는 이유가 된다. 외국인 저자로서는 언급할 필요를 느끼지 못할 것이지만, 우리의 학예직에게는 언어구사력을 위해서는 모국어 외에 외국어 한 두 개도 필요하다.

토익이나 토플점수로 외국어 능력 테스트를 대체하는 것은 '눈 가리고 아옹'하는 식이어서 이러한 방식은 수정되어야 한다. 실제 현장에서 그 점수로 어느 정도 언어를 구사할 수 있는지가 의문이기 때문이다. 문화체육관광부에서는 외국어 전문가를 양성하기 위해 공무원의 활동을 지원하고 있으나, '사후약방문식'으로 재직 중 지원도 중요하지만, 채용 시험에서 언어구사력의 여부에 관한 철저한 심사가 더 중요하다. 문화체육관광부 소속으로 되어 있는 박물관과 미술관의 큐레이터에게는 국제적인 박물관학의 조류나 동향을 파악·참고하기 위해서는 언어구사력은 고사하고서라도 관련 외국 도서의 문장 독해력은 갖추고 있을 필요가 있다.

저자는 규모가 크든 작든 관계없이 담당자가 부재 시에 그 역할을 대신할 수 있는 직원도 마찬가지로 언어구사력을 갖추고 있을 필요가 있다는 점을 언급한다. 우리의 경우 조직적으로 업무분장상 주(正) 담당자와 부 담당자가 있어 부재 시 대체a pinch-hit가 되도록 되어 있다. 여기에서 중요한 점은 주 담당자와 부 담당자 간에 업무의 공유가 늘 이루어져야 한다. 그러나 실제로는 그렇지 않은 경우가 있어 업무의 차질을 빚기도 한다. 형식적으로 '땜질'하는 식의 업무분장은 현실적으로 도움이 되지 않는다.

저자가 외국인이기에 공용어로서 영어의 언어구사력을 발전시키는 방법에 대해서는 구체적이지 않으나, 우리에게도 필요하다고 생각되는 것으로 "대중 앞에서 구사하는 언어는 연습하면 할수록 쉽게 얻는 기술"(123쪽)이라는 점이다. 이것은 너무나 당연한 지적이긴 하나 연습을 게을리 하는 것이 문제이다. 필자는 앞에서도 언급했듯이, '박물관언어'라는 것이 있다. 즉 박물관학을 이론적으로 학습하더라도 각 박물관의 실제 현장에서 취득하는 언어가 따로 있다. 이 박물관언어로 대중들에게 전달을 하게 되는 것이기에 박물관의 직원으로 채용된 이후 이 언어의 취득을 위해 노력을 해야 할 것이다.

저자는 다음으로 박물관을 찾는 사람에 대한 서비스를 언급한다. 저자가 "이 서비스 기술이 박물관의 여러 업무에서 필요하지 않을 것 같지만 늘 유용하다"(123쪽)라고 말하는 데에 중요한 포인트가 있다. 박물관 업무 가운데 정량적으로 계산할 수는 없겠으나, 박물관을 찾는 사람들과 관련한 업무가 아마도 50퍼센트는 차지할 것이다. 그만큼 휴관일을 제외하고 박물관의 문을 열어놓는 순간부터 그 업무는 시작되기 때문이다. 전시실과 교육 현장, 자료실 현장, 카페와 식당, 뮤지엄 가게shop는 말할 것도 없고 온오프 현장에서 각종 문의와 답변, 심지어는 '불평과 항의'가 박물관을 열고 있는 동안 지속적으로 발생한다. 즉 박물관을 찾는 사람들이 존재하는 현장 모두는 늘 서비스가 동반되면서 그들과 박물관 직원 간 상호작용이 이루어지는 공간이다.

저자는 "박물관을 찾는 사람 중심의 박물관에서는 모든 직원이 그들을 돕기 위해 사무실을 나올"(123쪽) 필요가 있음을 언급한다. 이 이야기를 들으니, 일본 사가현의 비파호 박물관이 생각이 난다. 필자가 이 박물관을 찾았을 때 눈에 띠었던 장면, 즉 전시 공간의 책상에 앉아 있던 사람이 다름 아니라 박물관 큐레이터였고 그들의 역할은 전시 내용 등에 대한 문의에 현장에서 즉답을 하는 것이었다. 그야말로 그들은 그들의 연구공간을 박차고 나와 박물관을 찾은 사람들에게 서비스를 하기 위해 그들에게 다가가고 있었다.

저자는 힘주어 다음과 같은 주문을 하고 있다. "더 나아가 박물관 직원은 그들의 질문을 기다리기보다는 기대해야 한다. 엘리베이터를 이용하는 관람객이 11시 투어에 만날 장소를 몰라 크게 당황하고 있다면 그것을 우연히 엿들은 박물관 직원은 안에서 연락을 취해서 그들이 나갈 수 있도록 도움을 주어야 한다"(124쪽)라고까지 말한다. 그러니까 박물관 직원은 박물관을 찾는 사람들에게 관심이 늘 있어야 한다는 점을 강조하고 있다. 그들은 누구인가, 박물관에서 어떠한 활동을 하고 있는가, 왜 박물관을 찾아 왔을까 등에 시선을 돌리고 여유가 된다면 그들을 연구하여 박물관 경영 개선에 척도가 되는 참고자료로 삼을 필요가 있다. 박물관으로서는 박물관을 찾는 그들이 바로 중심이 되어야 한다는 생각이라면 그들에 대한 서비스와 활동을 정리한 매뉴얼을 업그레이드시켜 나갈 필요가 있다. 그래야 그들로부터 지지와 관심을 받는 박물관이 되고 그럴 때 그 박물관은 귀중한 문화유산의 보존과 관리와 확산을 위한 기관으로 사회에서 자리매김이 될 것이다.

저자는 다음으로 선택과 집중의 문제를 언급한다. 이것

은 박물관 업무가 예산과 시간과 직원 수 등 여러 제약적인 여건 속에서 어느 업무를 우선적으로 선택하여 그것에 집중하여 성과를 낼 것인가의 문제이다. 박물관의 모든 업무를 다 충족시킬 수는 없다. 박물관 업무 간 '불균형'이 존재하기 마련이다. 저자도 인정하고 있듯이 "박물관의 업무 가운데 어디에 우선을 둘 것인가는 중요하여 박물관 직원의 시간과 에너지를 가장 중요한 프로젝트에 기울이게 해야 한다"(124쪽). 박물관 업무 가운데 어느 것이 가장 중요한가, 어느 것은 그렇게 중요하지 않고 급하지 않은가, 또 그야말로 중요하다 그렇지 않다 하는 문제가 아니라 급하게 처리해야 할 것은 무엇인가를 결정해야 할 때 개인적인 차원과 이유에서 하는 것이 아니라, 저자가 언급하고 있지만 "좋은 시스템"으로부터 영향을 받게 된다. 그 시스템은 다름 아니라 박물관의 '바람직한 조직'에서 비롯되는 것이다. 그러나 실제 말은 쉬우나 바람직한 조직과 업무 시스템을 갖춘다는 것은 그렇게 쉽지 않다. 이것은 단순히 시간이 해결해주는 것도 아니고, 인력과 예산 등의 모든 자원의 가용력을 철저하게 분석하여 최대 효과를 내기 위해 조직하고 시스템화하는 것이다.

필자는 아직 딱히 이에 대한 정답을 가지고 있지 않다. 다만 중장기 계획을 몇 개월에 걸쳐 수립하는 '눈 가리고 아웅을 하는 식'이 아니라, 1년 동안 중장기계획을 수립하기 위한 총력전을 펼치고, 이를 토대로 예산을 청구 · 확보하며 이에 부합하는 인력 배치와 업무 분장을 하는 안이 될 것이다. 인력 배치와 업무 분장을 할 때는 중장기 계획에서 도출된 업무의 경중에 비추어서 인력의 전공과 경력 등을 종합적으로 분석하여 업무를 맡기도록 하고 조직적으로 최대의 효과를 위한 협력과 협조 체계를 어떻게 구축할 것인가를 고민해야 할 것이다. 정기적인 업무 분장을 통한 업무 교체는 신중하게 생각해야 할 문제이다. 필자는 가장 잘할 수 있고 가장 큰 효과를 낼 수 있으며 가장 자긍심을 보여줄 수 있는 업무를 장기간 맡기는 것도 박물관의 발전에 큰 장점이 될 수 있다고 생각한다. 예를 들어 2년 내지 3년에 걸쳐 업무교체를 하는 것은 결과적으로 박물관 직원의 능력 '평준화'를 가져와 박물관 전체로 보면 큰 효과를 거두지 못하는 경우가 많다. 따라서 장기간 전문성을 높일 수 있도록 업무를 맡기는 것이 바람직하고 건축, 예산, 인사 등의 지원 업무는 굳이 장기간 맡기지 않아도 좋을 것이다.

필자의 이러한 생각이 아마도 저자가 말하는 "도전적인 태도"(125쪽)인지 모르겠다. 박물관 업무 가운데에는 충분한 시간과 그에 부합하는 예산이 요구되는 것이 있는가 하면 단기간에 처리할 수 있는 업무, 정기적으로 반복되는 업무 등 다양하다. 여기에서 박물관 직원에게 도전적인 태도가 요구되는 업무가 있는데, 그것은 중장기계획 안에서 충분한 시간을 필요로 하는 "가치 있고 심지어 핵심적인"(125쪽) 업무에 해당한다. 예를 들면 박물관의 이전이나 전시실 또는 수장고 증축, 소장품 관리시스템 구축, 학계에 큰 영향을 끼칠 만한 전시, 국제학술대회 등이 될 것이다. 실제 이러한 업무를 하고 싶어 하거나 필요한 직원에게 이것을 맡기지 않고 지시나 일방적인 결정에 의하여 달가워하지 않는 직원에게 그 업무를 분장하는 경우는 대체로 바람직하지 않은 성과물이 나온다. 그런데 설령 그 업무를 수행할 수 있는 능력을 가진 직원이라고 하더라도 나서서 하겠다고 하는 직원이 없으면 곤란한 상황이기에 이에 대해 저자는 "혜택을 주어야 할 것"(125쪽)이라고 말한다. 사실 그렇긴 하다. 같은 급여를 받고 박물관 업무를 수행하고 있기에 왜 내가 아무런 인센티브도 없는데 "가치 있고 심지어 핵심적인" 업무를 맡아서 '고생을 해야 하나'하고 생각한다면 손을 들고 나서는 직원은 없을 것이다. 그 업무를 수행하여 성과를 거둔 직원에게는 응당 인센티브가 주어져야 한다.

저자는 직원이 도전적인 자세를 갖는 것도 기술이 필요하다고 말한다. 그렇다면 그 기술이란 무엇인가.

도전적인 되는 것은 기술만큼이나 마음 자세이다. 이전에 여러 번 지적하였으나 여전히 반복할 가치가 있는 요점을 강조하자면 주어질 요구 정도는 피고용인의 업무 능력에 달려 있다. 기본적인 요구가 맞다고 가정하면 피고용인은 기회를 위해 주의 깊게 보아야 한다. (중략 : 필자) 그리고 하겠다고 말할 연습을 해야 한다. 예를 들면, 일정한 갈등과 곤란이 있는 동료 대신에 지역 회의에 참석하겠다고 제안해야 한다. 직원은 박물관 행사에 참석하거나 개막식에 가서 그 행사 자체를 즐기는 것뿐만 아니라 박물관을 찾는 사람

들의 눈높이에서 박물관을 볼 수 있어야 한다. 그 기회가 허
용된다면 박물관 직원은 상사의 예상 질문에 한 페이지 정
도의 메모지에 답을 해야 할 것이다. 즉 시간이 어느 정도
걸리는지, 담당한 다른 업무와 균형을 맞출 수 있는지, 그 자
신의 부서와 박물관에 어떻게 유익한지.

_ 126쪽

저자는 박물관에는 일반적으로 미션을 가지고 있는데,
이 외에 미래의 박물관상을 그려놓은 비전을 담은 진술, 박
물관이 중요하다고 생각해 놓은 몇 개의 핵심 업무를 선정
해 놓은 가치를 담은 진술을 하고 있는 박물관도 있다. 이
러한 박물관의 미션과 미래의 박물관상, 가치가 설정한 진
술에 비추어서 박물관 업무의 경중이 정해진다. 박물관의
미션은 고정적인 것이 아니라, 내외적 변화와 그 요구에 따
라 바뀐다. 그러면 박물관은 이러한 박물관 미션과 관련하
여 어떻게 업무에 임해야 할 것인가.

저자는 "일상 업무에서 벗어나 적어도 주마다 박물관
의 전시실과 공적인 공간에서 시간을 보낼 것"(127쪽)을 주
문한다. 언뜻 이해가 가면서도 또 한편으로는 무슨 말을 구
체적으로 하려고 하나 궁금해진다. 박물관 전시 가운데 박
물관 직원이 가장 선호하고 관심이 있는 것을 보거나 새로
운 전시를 볼 것을 권장한다. 이것은 그들에게는 무료로 볼
수 있는 "특혜"(127쪽)인데, 평소에 이 특혜를 누리지 않고
책상에서 떠나려 하지 않는다는 것이다. 이러한 계기가 박

물관 직원에게는 박물관의 미션과 미래를 생각하게 만드는 시간이 될지 모른다고 저자는 생각하는 것 같다. 필자는 이런 일을 전에 박물관에서 근무할 때 시간을 내서 전시실을 걸으면서 전시를 관람하는 사람들의 대화나 행동을 관찰해 본 적이 있다. 이것은 저자의 말대로라면 필자는 두 가지를 동시에 한 것이다. 하나는 저자가 권장하는 전시실을 걸어보라는 것을 실천했고, 또 관람자의 눈높이가 무엇인가를 느끼고자 했다.

저자는 또 이런 주문을 한다. 박물관 직원은 시간을 내서 박물관 웹 사이트에 올려놓은 박물관의 전략적인 계획(축약 버전 또는 풀 버전)을 읽으라고 한다. 그 이유는 박물관 업무는 그러한 전략적인 계획에서 비롯되는 것이기에 그러한 업무의 목표를 성취하기 위한 그들의 역할을 인식할 필요가 있다(127쪽)는 것이다. 이것은 너무나도 당연한 지적이고 주문이다. 필자는 저자의 이러한 지적에서 가장 중요한 것이 박물관의 전략적인 중장기계획에 있다고 생각한다. 이 계획을 어떻게 세울 것인가 하는 방법과 절차의 문제가 또한 핵심이다.

필자도 평소에 중요하다고 생각되는 평가에 대해 저자는 "박물관에 관여한 모든 사람들은 의심의 여지없이 그 박물관이 그들에게 어떻게 영향을 끼쳤는가, 그 박물관이 성취한 큰 성과는 무엇인가에 대한 많은 일화를 이야기한다. 실제적인 도전은 이러한 영향을 나타내는 데이터를 파악하는 일"(127쪽)이라고 말한다. 박물관학에서 기초에 속하는 사항으로서 박물관의 모든 활동에 대한 내외적 평가는 핵심이다. 그 평가가 없다면 그 박물관은 비유하자면 바다 위에 방향을 잃은 채 떠 있는 배와 같은 것이다.

저자는 "박물관 평가는 너무 큰 주제이다. 너무 커서 더 이상 언급할 수 없다. 그리고 기관과 박물관 직원들에게 계속 중요하게 될 주제이다. 모든 직원이 공식적인 평가에 관여하는 것은 아니겠지만 평가업무에 정통하는 것은 박물관에서 근무를 희망하는 사람들에게 유용할 것"(127쪽)이라고 박물관 평가의 중요성을 강조하고 있다. 박물관 평가는 박물관 미션 실천의 처음이자 끝이다. 무슨 말인가 하면 평가는 박물관 업무의 시작 전부터 그 업무 기획의 토대이자 기초가 되며 업무 진행과정에서 중간 평가를 거쳐 업무 종료와 함께 최종평가를 하게 되고 이를 토대로 다음 업무에 피드백을 하게 된다. 그러나 평가가 중요하다는 것을 이렇게 알고는 있으나, 실천을 부분적으로만 하는 것이 현실이다. 대체로 최종평가만 하는 경향이 있다.

저자는 박물관 평가에 대해 예비 학예인력에게 무슨 말을 하고 있는가. 박물관 평가는 말은 쉬워도 실제 그것을 실행하려고 하면 어렵고 골치 아프다. 필자는 평소에 박물관에서 평가를 전공으로 하는 직원의 채용을 이야기한 적이 있다. 이를 실천에 옮기고 있는 박물관은 없다. 그만큼 박물관에서 평가활동이 중요하다는 인식이 낮다는 것을 보여준다. 저자도 박물관에 평가 전문가를 두게 되면 평가 도구를 실행하기 전에 그와 함께 그것을 확인할 필요가 있음을 강조한다.

만약에 평가 전문가가 없다면 평가의 항목과 도구를 자체적으로 개발할 수밖에 없다. 평가의 도구에는 여러 가지가 있다. 설문조사부터 정량적 혹은 정성적 평가를 업무 성격에 따라서 적용하는 방법이다. 이 두 가지 방법을 혼합하는 방법도 있을 수 있다. 관찰조사, 추적조사, 포커스 그룹focus group조사 등을 통해서 박물관을 찾아 활동하는 사람들에 대한 관심을 높일 필요가 반드시 있다. 박물관의 과학적인 경영의 토대는 박물관과 관련된 데이터를 조사·수집하여 분석한 결과물에 있다. 그 성과물이 축적되어 있지 않으면 박물관의 과학적 경영을 지향하기는 어렵다. 근거 없는 과학은 '소설'이며 비현실적일 수밖에 없다. 그래서 시간과 예산과 인력이 필요한 것이다. 쉽게 박물관을 경영할 수 있다고 말하는 사람은 아마 '비과학적' 사고를 가지고 있을지 모른다.

저자는 박물관에서 어느 프로그램이 끝난 다음에 참가한 사람들로부터 받은 짧은 조사를 개발시키는 작업도 중요하다는 점을 이야기한다. 창의성creativity이라는 단어를 박물관에서 사용하는 경우 가장 먼저 미술관이 떠오를지 모른다. 그러나 필자는 이는 편중된 이미지라고 생각한다. 창의성은 어느 분야에서도 요구되는 항목이다. 따라서 모든 종류의 박물관에서 창의성은 필요하다. 이 창의성은 비과학적인 것도 비합리적인 것도 아니고 과학적이고 합리적인 것에 토대를 둔다. 비현실적이고 비생산적이라면 그 창의성은 박물관에서 굳이 채택할 이유가 없다.

저자도 이렇게 말한다. "모든 박물관의 모든 직원들은 창의성을 발휘함으로써 그의 경력에 도움이 될 수 있다"(128쪽)라고 말이다. 창의성에 기반을 한 박물관 활동이 아니면 박물관의 기능에 역으로 작용할 수 있다. 박물관에게는 재정이나 인력에 한계를 가지고 있는 경우 한정된 예산과 인력으로 박물관이 목표로 하는 것을 성취하기 위해서는 "창의성이 부분적으로 필요하다"(128쪽). 저자는 이를 왜 "부분적"이라고 말하는지는 모르겠다.

필자는 창의성을 합리적인 사고방식으로 바꾸었으면 한다. 박물관 직원 전체가 담당하고 있는 업무가 모두 창의성을 요구하는 것은 아니다. 담당 업무에 따라서 창의성을 요구하는 것이 상대적이다. 예를 들면 저자가 언급하고 있듯이 "그래픽 디자이너, 전시 팀, 스튜디오 예술 프로그램을 감독하는 교육담당자"에게는 비교적 창의성이 요구된다. 예산 담당 매니저나 마케팅 매니저, 계발 매니저들에게도 창의성이 요구되지 않는 것은 아니다. 그래서 저자는 "창의성을 개발하는 것은 박물관의 미션과 관련하여 주요한 방법 가운데 하나이다. 이는 박물관에서 업무를 도전적으로 추진할 때 보다 쉽게 그것을 성취할 수 있도록 도움을 준다"(128쪽)라고까지 말한다.

그런데 여기에서 한 가지 주의할 점은 창의성을 발휘하는 것이 업무 성취에 도움이 되는 것은 맞지만, 흔히 말하는 '잔꾀'를 부리는 것을 창의성이 있는 것으로 착각하여 진정성이 결여된 성과를 '눈 가리고 아웅을 하는 식'으로 내놓아서는 안 된다는 점이다. 가끔 창의성을 '전략'이라고도 간주하는 경향도 있다. 중요한 점은 창의성은 박물관 업무를 수행하는 데 합리적인 사고방식에 토대한 업무 처리 방식으로 구현된다.

저자는 박물관에서 창의성이 구현되는 예들을 다음과 같이 제시하고 있다.

> 내가 박물관 직원으로서 가장 바쁘다고 느낀 박물관은 창의성이 왕성한 곳이었다. 하나의 예를 들면 그 박물관의 관장은 박물관의 가치를 정의하고 실천에 옮기는 시스템을 이행하는 것을 책임지고 있는 4명에서 5명으로 이루어진 범 박물관 부서 간 팀을 창의적으로 만들어냈다. 각 직원은 빨간 색의 감사카드(박물관 로고와 같은 색)와 5달러의 스타벅스 카드(스타벅스 카드를 확보하는 데 연 몇 백 달러가 필요)를 가지고 있다. 박물관 직원이 박물관의 핵심 가치의 하나를 구체화한 것을 하는 직원 동료를 보았을 때 그 직원에게 감사하는 글을 남기도록 독려하였다. 이 창의적인 계획은 비용이 거의 들지 않았지만 박물관 업무에 큰 영향을 끼쳤다. 궁극적으로 박물관이 성취할 수 있는 것에 말이다.
>
> _ 128쪽

이러한 창의성을 직원으로부터 이끌어내려면 박물관 관장을 비롯한 직원 간 커뮤니케이션이 활발하게 이루어져야 한다. 그래서 저자는 이를 앞에서 가장 바쁜 박물관이라고 표현한 것으로 생각한다. 사실 박물관 직원과 대화를 할 때 중요한 점은 '열린 마음'의 자세이다. 어느 직원이든 상관없이 어떠한 의견을 내놓든지 상관없이 그 문턱을 없애고 의사를 개진할 수 있는 박물관 분위기여야 창의성에 기반을 한 견해가 나올 수 있다. 저자도 말하고 있지만 누구나 다 "창의성"(129쪽)을 가지고 있다. "창의성이란 새로운 무엇인가를 만들 때 사람들은 손을 사용하는 모든 행위"(129쪽)라고 생각할 수 있지만 손을 사용하게 만드는 것은 육체가 아니라 뇌의 활동을 통한 상상적인 계획이다. 저자는 이를 이렇게 표현한다. "창의성의 중요한 부분은 정신이 방황하도록 아이디어가 스며들도록 정신적인 공간을 남겨두는 것"(129쪽)인데, 중요한 점은 "기술에 보다 더 의존하게 되면서 이 공간을 점점 얻기 힘들게"(129쪽)된다는 것이다. 그래서 창의성을 추구하는 일이 가치가 있다고 저자는 말한다.

필자는 가끔 이런 생각을 한다. 우리의 창의성을 막는 것을 스스로 하고 있다고 말이다. 무슨 말인가 하면 앞서 저자도 언급하고 있듯이 창의적인 아이디어가 스며들어갈 공간을 남겨두어야 하는데 이 공간을 다른 것으로 채운다. 다른 것이란 기계에 이미 담겨져 있거나 이미 답이 나와 있는 정보들을 우리는 핸드폰이나 다른 기타 전자 기기를 통해서 수동적으로 얻고 있다. 지하철이든 도로든 어느 곳을 가더라도 우리는 핸드폰 없이는 그 곳에 있을 수 없다. 기다리는 잠깐이라도 그 핸드폰 등이 없으면 서먹서먹하다.

기계와 대화를 나누어야 마음이 편해진다. 이러한 시대에 우리는 살고 있다. 그러나 기계와 대화할수록 우리는 다른 생각과 아이디어를 다양하게 생각하게 되기보다는 거의 '비슷한' 생각을 하며 산다. 즉 기계에 의존하면 할수록 우리는 '같은 생각과 행동과 의식'을 가진 공동체의 일원이 되어 간다. 그러나 이 시대는 같은 생각을 하고 있는 사람만 요구하지 않는다. 다양하고 다른 생각을 가진 사람들이 필요한 시대이다.

핸드폰을 하루 생활하는 시간 동안 예를 들어 생각에 잠겨 있는 동안에는 핸드폰을 쳐다보지 않기, 인내하면서 핸드폰을 생각에서 지워버리기 등의 연습이 필요한 시대이다. 지하철에서 핸드폰 화면에 시선을 두고 있는 장면을 보고 있노라면 '진풍경'이다. 남녀노소 할 것 없다. 요즘은 나이 먹은 사람들도 핸드폰을 다루는 솜씨가 늘어났는가 보다. 치매도 안 걸리고 뇌 활동에도 도움이 되고 나쁠 것은 없다. 그러나 뇌 좀 쉬게 하자. 쉬는 동안 사색하면서 그 뇌 공간에 새롭고 창의적인 생각을 집어넣자.

저자는 박물관이 직업상 흥미 있는 곳이라는 이유 가운데 하나로 "다양한 배경을 가진 사람들이 온다"(129쪽)는 점을 든다. 여기에서 온다는 것은 응모 또는 도전한다는 것이다. 저자는 세 가지, 즉 학과 전공, 역할, 우연이라는 측면에서 박물관과 인연을 맺을 수 있는 길을 언급한다.

박물관에 큐레이터로 채용되기 위해서는 해당 박물관의 미션과 자신의 전공이 어느 정도 일치해야 했다. 예를 들면 고고미술사학과 역사학과 인류학을 미션으로 하는 우리의 경우, 국립중앙박물관의 학예직을 얻고자 한다면 대학 또는 대학원에서 고고학, 미술사, 역사학 전공자가 응모를 하게 된다. 물론 박물관에서 채용 분야를 이 외에 설정하는 경우도 물론 있다. 예를 들면 박물관교육, 전시디자인, 보존, 국제교류 등이 그것이다. 그러나 이것은 국립중앙박물관의 미션을 수행하기 위한 영역으로 중요하지 않다는 의미가 아니다. 필자가 말하고 싶은 것은 시대의 요청이 증가하고 있고 그에 따라서 박물관의 역할과 기능도 다양화되고 있기에 채용 분야도 늘어나게 될 것이라는 점이다.

　박물관의 학예직으로 채용되기 위해서는 흔히 관련 경력을 쌓게 되는데 이와 함께 요구되는 것이 관련 학위이다. 국내의 국립박물관 가운데 필자가 아는 한 학사 졸업으로도 채용 공고에 응모할 수 있는 국립의 박물관은 문화재청 소속의 국립고궁박물관, 각 중앙부처가 설립한 법인 국립박물관이다. 대체적으로는 석사학위 이상을 요구하고 있다. 필자의 생각으로는 한국에서 현재 박물관 전문인력을 자격증 시험으로 양성하고 있는 상황에서는 일본과는 다르게 석사학위 이상의 학력이 필요하다. 그 이유는 학사 과정에서 박물관학 또는 그 실습을 접하거나 경험할 기회가 공식적으로 없거나 적기 때문이다. 단지 누구나 응시할 수 있는 준학예사자격시험을 합격한 후 경력인정기관의 박물관에서 1년 실무를 경험하면 준학예사 자격을 부여받지만 경력인정기관에서의 실무 경험은 매우 한정적이고 불충분한 것이다.

필자는 이러한 준학예사자격시험에 의한 박물관 전문인력 육성 제도는 개선되어야 한다고 생각한다. 그 개선의 방향은 자격시험 이전에 대학에서 박물관 전문 인력을 양성하는 과정을 설치·운영하는 방안이다.

저자는 서구의 박물관에서 일을 하고 싶어 하는 사람들은 "인터쉽internship을 통해서 박물관의 실무경험을 얻는다. 개인이라면 처음에 주니어 수준에서 시작하여 일을 하면서 동시에 그 위 단계의 학위를 얻거나 2~3년 동안 일을 한 다음에 학교의 풀타임으로 돌아간다"(129쪽)고 말한다. 여기에서 우리의 상황과 유사한 점은 인턴 혹은 오늘날로 말하면 공무직(비정규직)으로 일을 하면서 학위 과정을 밟고 정규직의 학예직에 도전하여 정규직으로 진입하는 과정이 아닌가 생각한다.

저자에 의하면 아마도 서구에서는 경영, 감독, 예산, 전략 계획 외 박물관 직원을 위해 필요한 다른 기술은 관련 학과의 교과과정에는 포함되어 있지 않다. 그래서 저자는 "박물관에서 경쟁적이고 성공하기 위해서는 이러한 기술들을 구축하기 위한 다른 방법"(129쪽)을 찾아야 할 것이라고 제언한다. 저자는 심지어 이렇게까지 말한다. "경영기법을 가지고 있지 않은 박물관 콘텐츠 전문가는 박물관에서 골칫거리가 될 수 있다"(129쪽). 그만큼 박물관은 학술적, 교육적 기관이면서 소장한 문화유산을 '판매'하는 기관이다. 이런 점에서 앞으로 우리의 대학에도 박물관 전문인력 양성 과정이 설치된다면 그 과정에는 서구에서 다루지 않는 박물관

의 예산과 감독과 전략계획 등이 포함되는 '박물관경영론'
이 포함되어야 할 것이다.

저자의 언급을 통해서 보면 서구의 박물관 기능은 우리
의 경우보다 다양하다는 것을 느낀다. 저자는 이렇게 말한
다. "전공을 통해서보다는 그들이 하고자 하는 역할 또는
가지고자 하는 직업을 통해서 박물관에 직업을 얻는다"(130
쪽). 박물관에서 일을 하고 싶어 하는 사람들은 우선 자신이
할 수 있는 역할을 먼저 생각하고 다음으로 박물관의 맥락
을 생각한다는 것이다. 어느 박물관이든 간에 미션은 다를
지라도 그 역할과 기능은 같아서 보편적으로 통하는 박물관
의 직업이 있다. 그 직업이란 저자가 언급한 것 가운데 전
시디자이너, 그래픽 디자이너, 전략 계획, 경영 분야 등이
될 것이다. 그렇다고 하더라도 필자는 저자와 대화하면서
외국의 대학에서 박물관 전문 인력을 육성하고 있는 박물관
학과museum studies에는 박물관 경영과 관련한 이론 외에 실
무의 코스가 취약한 상황에 있는 것은 아닌가 하는 생각마
저 들게 한다.

박물관에서 직업을 갖기 위해서는 어느 수준의 학위가
필요한가 하면 박물관 업무 속성에서 보아 그 학위의 종류
는 다를 수 있다. 그래서 저자도 "그 직업이 요구하는 여건
에 따라서 직업의 구체적인 내용은 매우 다양하다"(130쪽).
그렇다. 박물관에서 학사 학위 이상과 이하를 요구하는 직
업군이 있고, 석사 학위 이상을 필요로 하는 직업군이 있
다. 박물관의 소장유물에 대한 조사나 연구와 관련한 업무

영역은 석사 이상의 학위가 필요할 수 있다.

우리의 경우 박물관에 처음 관련 분야 전문가로 채용이 되어 그 업무를 지속적으로 함으로써 전문성을 제고시켜 그야말로 그 분야의 '(최고)전문가'로 육성시키는 것이 아니라, 박물관 내 다른 영역의 업무로 인사 이동시켜 '아마추어적인 전문가'로 '졸업'시키는 경향이 있다.

필자는 2005년에 미국 뉴욕의 주요 박물관을 둘러보는 출장에서 인상적이었던 것 가운데 소장품 관리 직원이 그 자리에서 30여년 간 근무하여 그야말로 어느 유물이 어디에 있는가를 '눈을 감고도' 안다는 이야기를 들었을 때 박물관 직원의 전문성은 이런 것이어야 한다고 느낀 적이 있다. 우리의 박물관 학예직은 박물관의 모든 영역을 '두루두루 알아야 한다'는 사고방식에 젖어 있다. 그것은 우리의 현실상 대학에서 박물관의 전문 인력을 육성하지 않고 박물관에 발을 들려 놓으면서부터 박물관을 차츰 알아가는 것이기에 말하자면 박물관 안에서 '박물관학 과정'을 밟고 있는 것과 같은 상황이다. 그러니까 박물관 직원을 이 업무 저 업무 '맛보게 하는 것'이다. 이러한 관행이 상호 업무의 이해를 위해 필요하다는 점에는 동의하지만, 필자는 우리의 현실을 고려하여 이렇게 제안하고 싶다.

박물관의 학예직으로 채용되고 약 1년 내지 3년 동안 박물관의 각 업무 영역을 경험하는 '오리엔테이션' 기간을 경과한 다음에는 그야말로 각각의 전공영역에 자리를 잡도록 함으로써 박물관 역할과 기능의 '전문화'를 고도화시킬 필요가 있다.

저자는 이렇게 말한다. 30년 전이었다면 "전공영역보다 박물관학 프로그램을 덜 중요한 것으로 생각했었을 것이다"(130쪽)라고 말이다. 이제 상황은 달라졌다. 박물관의 미션에 부합하는 전공 영역의 '박물관학으로의 가공'이 바로 박물관 업무의 기반이요 방향이다. 따라서 박물관 업무에서 가장 기초이며 토대가 되는 것은 박물관학이고 그 토대 위에 전공영역이 위치하기에 박물관 업무에서 박물관학이 공통적으로 통하는 의사소통의 요소이자 수단이다. 저자는 아래와 같이 박물관학의 중요성을 이야기한다.

> 박물관학 프로그램이 가치 있는 기술과 이론skills and theory을 가르치는 자격증과 학위를 주고 충분히 준비된well-prepared 학생들을 박물관의 업무 현장으로 보내는 것으로 인식하고 있다.
>
> _ 130쪽

저자는 우리의 박물관에서 문제점으로 느끼는 것을 해결해 줄 수 있는 방안을 핵심적으로 지적하고 있다. 무슨 말인가 하면 현재 우리의 경우 준학예사자격시험에 합격하고 경력인정기관에서 1년 간 경력을 쌓은 다음 주어지는 준학예사 자격증으로는 박물관의 업무를 처리하기에는 "충분히 준비"되었다고 말할 수 없다. 따라서 대학에서 박물관과 관련한 기술과 이론을 충분히 몸에 익힌 전문인력들을 박물관의 업무 현장으로 공급해야 할 것이다.

이제 박물관을 둘러싼 환경은 크게 변하여 박물관에게 경영학 전공자까지 요구하고 있다고 저자는 언급하고 있으나 필자는 이전부터 이렇게 이야기해 왔다. 박물관에는 마케팅 개념이 도입되어 박물관을 찾는 사람들 중심으로 경영이 되기 위해선 행정학, 통계학, 인류학, 심리학, 교육학 등 사회과학 전공자로 박물관학을 겸비한 인력의 채용이 그 어느 때보다 요구된다. 저자도 인정하고 있듯이 박물관의 매력에 끌려서 그 동안 쌓아 왔던 경력을 살려 박물관과 인연을 맺고 박물관에게 "새로운 관점과 아이디어"(130쪽)를 제공하고 있는 사람들이 많다. 처음부터 박물관에서 일을 해 보겠다고 한 사람들도 있겠으나, 이런 저런 경력을 쌓아 가고 있는 중에 그야말로 우연히 박물관에서 일을 해 보고 싶어 박물관의 문을 두드린 사람들도 있다. 박물관의 문을 열고 들어와 일을 하다가 실망을 하기도 하고 실의에 빠져 다시 문을 박차고 나갈까 고민을 하는 사람들도 있다. 밖에서 보기에는 멋지고 매력적으로 보였던 박물관을 들어와 보니 실제는 그렇지 않았다.

필자도 박물관과 인연을 맺을 것이라고는 꿈에도 생각해 본 적이 없다. 박물관에서 일을 해 보는 것도 좋지 않을까 하는 주변 사람의 권유로 문을 두드렸으나, 성에 차지 않는 박물관 근무 환경에 계속 버티지 못하고 박차고 나온 사람이 필자고, 나와서 다시 박물관의 문을 열고 들어간 사람이 또 필자다. 이제는 한국에 박물관학의 뿌리를 내려야 한다는 사명감에 불타서 동분서주하고 있는 중이다.

저자는 그야말로 다양한 경력과 경험을 가진 사람들을 채용하고자 노력해야 한다고 주장한다. 즉 박물관은 직원 채용에 있어서 편중적이어서는 안 되며 배타적이어서도 안 된다고 주문한다. 편중적이고 배타적이어서 안 되는 이유는 박물관을 둘러싼 주변 환경이 이전과는 크게 달라졌고 이제는 박물관을 찾는 사람들의 만족도를 어떻게 하면 높일 것인가를 고민하여야 하기 때문이다.

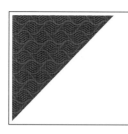

저자는 미술사의 학사와 석사학위를 가지고 적은 월급에 미술 콘텐츠에 큰 관심을 가지고 박물관 생활을 하였다. "큐레이터의 다른 영역의 범주를 충분하게 이해를 못했다"(133쪽)라고 생각하였을 때 큐레이터가 저자에게는 맞지 않는다고까지 느끼게 되었다고 한다. 그녀는 고등학교 때부터 큐레이터가 되려고 노력하였는데 그러한 현실 앞에서 좌절감에 빠지게 되었다. 그런데 포기는 하지 않고 방향을 박물관교육으로 옮기고 나서 그것이 저자에게 "맞는 길"로 판명되었다고 한다. 저자가 이런 이야기를 하는 목적은 박물관에서 일을 하고 싶은 사람들이 지금은 분명하게 잡히지 않고 중요하지 않게 보이는 박물관 업무의 의미를 깊이 생각하는 데 도움을 주고자 하는 데 있다(134쪽)고 말한다.

필자도 저자의 생각에 동감하여 저자와 대화를 하고 있

제13장
내가 24살 때 알았더라면 하는 것들
Things I wish I had know
When I was Twenty-four

는 것이고 우리의 현실에서는 대학에서조차 박물관학을 '밀어내고' 있을 때 그 틈새를 노리고 사설 학원에서 박물관학 교재를 강사가 편집하여 가르치고 있는 상황을 어떻게 받아들여야 할 것인가. 필자는 학원에서 가르친다는 박물관학 교재를 두 권 구입해서 보았다. 낙담 그 자체였다. 이에 대한 책임은 누구에게 있는가라고 했을 때 우선 정부에 있다고 필자는 감히 생각한다.

귀중한 문화유산을 수집 · 보존하며 이를 전시와 교육을 통해서 인류 역사를 공유하고 역사의식을 고양시켜 가는 데 그 역할의 중대성이 점점 증가하고 있는 박물관의 전문인력을 고작 준학예사 자격시험을 통해서 육성하고 있는 정부의 시책은 재고의 여지가 크다. 그 다음 책임은 현재 박물관의 전문인력에게 있다. 적어도 현행 준학예사 자격시험을 준비하고 있는 예비 학예사에게 박물관의 실무까지를 포함한 교재를 국립박물관의 전문 인력을 필진으로 해서 개발·발간할 필요가 있음에도 그들은 그것을 방기했다. 세 번째 책임은 관련 학회에 있다. 그 학회의 회원들은 박물관학의 필요성과 함께 박물관 전문인력 육성책에 대해서는 누구보다도 잘 알고 있으면서도 중앙정부에 대해 목소리조차 내지 않고 있다. 이렇게 어느 누구도 박물관의 전문인력 육성에 대해 제대로 된 대책이나 정책이 없는 사이 박물관학이 학원의 강의과목으로 전락해 버렸다. 이런 현실을 누구에게 이야기할 것인가.

필자는 박물관 생활을 정년하고 일선에서 물러난 사람으로서 어디에도 책임을 '추궁'할 생각은 추호도 없다. 늦었다고 생각은 들지만 이제부터 다 같이 힘을 합쳐 박물관의 전문인력을 위한 박물관학 교재 집필과 그 출간에 노력할 생각이다.

박물관을 바라보는 저자의 관점이 필자와 같다. 그것은 다름이 아니라 박물관을 "교육적 기관an educational institution"(134쪽)으로 보고 있다는 점이다. 교육적이라는 것은 교육을 받는 대상을 전제로 하여 박물관의 모든 활동은 그 대상과 연계가 되어 이루어진다는 것을 의미한다.

저자는 이 장을 기회와 도전으로 크게 나누어 기회의 부분에서는 평생교육과 여행, 의미 찾기, 즉각적인 네트워크에 참여하기, 개인적인 길로 가기를 다루었고 도전의 부분에서는 보상, 박물관의 지리적 위치, 업무 일정을 서술하고 있다. 그러면 저자가 큐레이터로서의 직업을 모색하는 과정에서 어떠한 어려움과 고민 등이 있었고 이를 어떻게 해결하였는가를 들어보기로 한다.

박물관에서 일을 하고 싶어 하는 후보 큐레이터에게는 우선 박물관의 전문 인력이 낭만적으로 비추어졌을지도 모른다. 전시를 하고 그것을 설명하는 큐레이터의 모습, 박물관의 소장 자료를 보존처리하고 있는 보존 전문가의 모습 등 겉으로 보이는 박물관의 큐레이터와 전문 인력의 이미지는 분명 선망의 눈으로 비추어졌을 가능성이 크다. 그러나 박물관의 이면(뒷무대)에서 일을 하고 있는 박물관의 큐레이터의 모습을 보기가 좀처럼 쉽지 않다. 저들은 무슨 고민을 하고 있을까. 그 고민 자체도 아마 낭만적으로 비추어지고 있는지 모르겠다. 그들에게 큐레이터의 고민도 아름다운 모습으로 와 닿았는지 모르겠다. 그러나 박물관에서 일을 하고 큐레이터의 현실은 보기보다 낭만적이지 않다. 물론 처음에는 그 이면 세계를 모른 채 박물관에 발을 들여 놓았다가 발길을 돌리는 사람도 없지 않다. 그러나 그 수는 많지 않다. 그렇다면 그만한 보상이 그들에게 주어지고 있는가.

필자가 처음 박물관의 학예연구사로 채용된 후 받아본 첫 월급에 당황한 적이 있다. 그 월급이 예상 외로 많아서가 아니라 그 반대여서 '실망'하였다. 당시 학예연구사가 직급으로 치자면 6급 상당인데, 그 밑의 9급부터 7급까지 공무원의 월급은 도대체 얼마일까를 상상해 본 적이 있다. 과연 저들은 앞으로 생활을 지속할 수 있을까. 말하자면 가

정을 꾸리고 아이를 낳아 키우고 교육을 시킬 수 있을 정도
가 되려면 언제쯤 가정을 꾸리는 것이 합당한가를 생각하
지 않을 수 없을 것이다.

저자도 기혼자로서 마찬가지의 고민을 털어 놓는다. 서
구의 박물관에서 일하는 사람들의 봉급은 상대적으로 낮은
편이라고 말하는 저자는 "실제적으로 압축한 봉급의 보고
서에 그들의 봉급 기준이 토대하고 있다"(138쪽)라고 토로한
다. 여기서 말하는 "실제로 압축된 봉급"은 "경영자들이 봉
급의 합당한 기준을 고려하는 틀 안에서가 아니라 이미 낮
은 수준의 틀 안에서 봉급을 자리매김하고 있는 데"(138쪽)
에서 나온 것이다. 서구에서는 왜 이런 상황에 있는가 하는
것은 서구 박물관의 재정과 무관하지 않을 것으로 생각한
다. 우리의 경우, 국공립박물관에 채용되는 학예직 공무원
은 6급 상당부터 시작하고 있기에 공무원 직급으로 볼 때
낮은 수준의 봉급 수준이 결코 아니다.

저자는 도전을 왜 하는지에 대해 "낮은 봉급의 출발이
보상의 유일한 요소"(138쪽)라고까지 말한다. 봉급이 낮기에
이를 보상하기 위해서는 도전을 하게 되는데, 이 도전이 바
로 자기개발이 된다. 저자의 경험부터 이야기하는데, "사립
의 비영리 박물관에서는 승진은 드물고 급작스러운 것"(138
쪽)이기에 기대를 못하게 되고 그것은 결국에는 전망이 없
다는 이야기가 된다. 이러한 상태로 계속 근무를 한다는 것
은 가정을 꾸미기가 어렵고 가정이 있다고 하더라고 더 큰
집으로 이사를 할 수도 없고 아이를 낳아 육아하며 교육을

시킬 수 없다는 것을 의미한다.

저자는 또 "예를 들면 세컨드 직업을 가져야 하는 것은 박물관 업무에 헌신할 수 있는 에너지에 주로 영향을 끼치는 것"(138쪽)이라고 말한다. 우리의 경우 공무원이 세컨드 직업을 통해 수익을 얻을 수 없기에 봉급이 적다고 이렇게까지는 생각하지 않는다. 적극적인 박물관 직원은 박물관 경력이 가지는 재정적인 의미에 대해 생각할 필요가 있다고 말하는 저자는 "단지 낮은 봉급에 맡기거나 정열에 따른다는 변명으로 그것을 정당화하지 말고 실제적으로 조사해볼 것을 추천"(139쪽)하고 있다. 필자도 그렇게 했지만 박물관 채용시험에 응시할 때 합격을 하게 되면 봉급이 어느 정도 수준일 것이라는 것을 사전에 조사하거나 하지 않는다. 당장 우선은 합격하고 싶고 일을 열심히 하고자 하는 열정이 앞선다. 아마 누구나 마음의 상태가 비슷하지 않았을까 생각한다. 면접시험에서도 아마 봉급이 낮은 데 괜찮겠느냐 하는 질문을 받았다면 아무 문제가 되지 않는다고 아마 답변하였을 것이다. 그러나 실제 박물관에 채용되어 첫 달 받은 봉급의 숫자를 보면 면접 때 답변했을 때 마음과는 다르게 '실망'을 하게 될 것이다. 흔히 이것은 화장실 들어갈 때와 나올 때 마음이 다른 것과 같다.

그래서 저자는 앞서 이야기한 것처럼 사전에 과연 이정도 봉급을 받게 되면 연금 수령액이 얼마나 되고 이 수령액으로 퇴직 후 생활이 가능할지, 학생 자녀가 있다면 학생의 교육에 한 달 어느 정도의 돈이 필요한지 등을 조사하라고 권고하는 것이다. 이제부터라도 박물관에서 근무하면서 받게 되는 봉급과 그 봉급이 시간이 흐를수록 어느 정도 비율로 증가하는가를 박물관 직원에게 알아본다는 것이 그렇게 쉽지는 않다. 솔직히 박물관 직원이 자신의 봉급 수준을 알려주려고 하지 않는다. 그것이 개인사이기도 하기 때문이다. 그래도 높은 봉급을 받고 있으면 '자랑삼아서라도' 뜨끔해 줄 수는 있을 것이다. 그러나 그렇지 않은 상황이기에 더 더욱 이야기해주지 않으려 할 것이다. 그것을 묻는 것 자체가 실례가 되기도 하기에 아예 알아보려 조차 하지 않는다. 설령 알아보고 봉급이 낮다는 것을 알았다면 응시를 포기할 것인가.

저자는 박물관의 고용 안정에 장애가 되는 또 다른 요소가 있다고 하면서 파트타임의 직업part-time job이 늘고 있다는 점을 든다. 필자는 처음 이 말이 뭐지 했다. 앞서 저자가 말한 세컨드 직업인가 생각했다. 저자의 이어지는 기술을 읽다보니 그것이 세컨드 직업과 전혀 무관한 것은 아니었으나, 저자에 의하면

> 박물관의 해당 예산은 예를 들면 해설가interpretor 또는 박물관을 찾는 사람들에 대한 서비스visitor service와 같은 직종의 시간별 직원을 채용하는 데에만 허용되도록 구조화되어 있다. (중략) 파트타임직은 종종 정규직이 되거나 또 다른 부서의 정규직으로 옮길 수 있으나 파트타임직은 합당한 생계를 위해서 또 다른 박물관이나 박물관 외에서 직업을 찾

을 필요가 있다.

_ 139쪽

저자의 이런 말을 들으니, 우리의 경우도 상황은 비슷하다. 박물관에는 정규직과 비정규직이 병존한다. 그 외에 인턴의 형식으로 근무하기도 한다. 비정규직으로 있다가 정규직으로 채용 절차를 거쳐 옮겨가는 경우도 있고 다른 박물관 또는 박물관과는 다른 직종으로 자리를 옮겨가는 경우도 있다. 국공립박물관에서 정규직은 많지 않은데다가 정규직의 정년이 60세이기에 이러한 상황에서 정규직을 바라고 근무하는 비정규직에게는 경우에 따라서는 정규직으로 옮기는 데 많은 기간이 걸린다. 예를 들어 학예연구사로 근무하던 직원이 학예연구관으로 승진하면 그 자리를 충원하는 공채 경쟁시험을 거쳐 합격을 해야 한다. 규모가 큰 박물관에는 이러한 상황이 비교적 자주 발생을 하지만 또 그만큼 경쟁도 심하게 되는 것이다. 그만큼 비정규직이 많기 때문이다. 그렇다고 반드시 박물관 내 비정규직이 정규직으로 옮겨가는 데 반드시 유리하다고도 말할 수 없다. 외부로부터의 응시도 있기 때문이다.

저자는 다음과 같이 작은 결론을 내린다.

슬프게도 봉급의 문제는 박물관에 취직하려 할 때 주요한 장벽 가운데 하나이다. 재정적인 안전망을 가지고 있지 않은 사람은 예를 들어 돈을 주거나 빌려주는 가족, 또는 가계의 수입을 책임지는 배우자, 파트너의 경우 낮은 봉급으로 살아갈 수 없을 것이다. 비록 그들이 2년, 3년은 버틸 수 있더라도 결국 삶의 문제의 질이 너무나 커서 극복할 수 없을 것이다. 관련한 하나의 도전은 박물관이 봉급을 주지 않는 인턴에 의존하고 있다는 것이다. 학생이 봉급 없이 일을 할 수 있다는 기대 때문에 박물관의 다양성의 결여가 영구화되고 있다. 왜냐 하면 불균형적으로 낮은 수입의 흑인들을 배제하고 있기 때문이다. 학점을 취득하기 위해 인턴을 하는 학생들은 종종 그 봉급을 받지 않는 인턴으로 일을 하기 위해 기회를 잡기 위해 대학의 관련 과정에 돈을 지불해야 한다. 봉급의 문제와 마찬가지로 봉급을 받지 않는 인턴 제도는 결국 박물관의 포괄inclusion이라는 기술된 목표에 반하는 것이라는 조사를 받고 있다.

_ 139쪽

저자는 그 다음 박물관에 취직하기에 앞서 생각해 보아야 할 점으로 지리적 거리를 든다. 이 또한 필자도 그러하였는데, 박물관에 취직하는 것이 당장 우선의 목표였기에 출퇴근 거리가 멀어도 좋다는 식으로 면접에서도 이야기하는 것이 보통이다. 심지어 박물관에서 일을 하고 싶은 나머지 박물관에서 출퇴근 거리가 먼 경우에는 박물관 근처에 집을 얻는 경우도 보았다. 문제는 봉급이고 생활비이다. 물론 개인마다 경제적 상황이 다르긴 하나 보통 박물관 근처에 집을 얻는 경우는 교통비와 생활비도 고려하여 결정한 것이겠으나, 무엇보다도 박물관의 출퇴근이 가능하지 않기에 불가피한 선택이었을 것이다. 그러한 생활은 낮은 봉급으로 턱도 안 되었을 것이라고 상상하기가 어렵지 않다.

저자의 경험으로 미루어 "박물관 근무 경력을 쌓은 전문 인력은 여러 차례 주州에서 주로 옮긴 사람들"(139쪽)이라고 말한다. 이것은 무엇을 말하는가. 저자의 경우, 한 박물관에서 지속 근무를 하지 못하고 다른 박물관으로 자리를 옮기지 않을 수 없었던 이유, 예를 들면 가계 운영에 주 수입자인 배우자가 새로운 직업 때문에 옮겨가게 되면 불가피하게 배우자의 근무처 가까운 곳으로 이사를 하지 않으면 안 된다. 필자가 아는 한 지인도 맞벌이 부부인데, 자신이 원하는 박물관과는 다르게 배우자 근처의 박물관으로 옮기는 예를 보았다. 현실적으로 생활을 해야 하기에 경제적인 이유가 박물관을 선택할 때 영향을 끼치는 요소 가운데 하나이다. 미혼이라면 이야기가 좀 다르다고 할 수 있겠으나 미혼이라도 부모의 생계부양을 책임져야 한다면, 부모의 주거환경도 고려하게 되고 자신이 원하는 박물관을 선택하기가 쉽지 않을 수 있다.

물론 위에서 언급한 여러 제약 조건이나 이유로 자신이 원하는 박물관을 선택하고 기존에 근무하고 있는 박물관을 떠나지 않고 다른 박물관을 구하지 않아도 되는 사람도 있을 수 있다. 한 지역에서 한 박물관에서 계속 근무함으로써 얻을 수 있는 장점을 고려하지 않을 수 없다. 승진과 봉급의 증가, 그리고 그 지역의 장점 예를 들면 교육환경, 문화

인프라, 자연환경 등 거주하기에 여러 장점이 있다면 저자가 이야기하고 있듯이 박물관이 이사비용도 부담해 주지도 않는데 굳이 다른 곳으로 이사할 필요가 없다고 말한다. 그러나 서구처럼 주마다 연금제도가 다르게 되면 다른 주의 박물관으로 옮기는 것을 고려하게 된다.

저자는 근무할 박물관의 지리적 위치와 관련하여 자신의 이야기로 이 절을 맺고 있다.

> 웨스트 코스트the West Coast에서 약 7년을 지낸 후에 내 남편과 나는 이스트 웨스트로 양가의 가족들이 자동차로 이동할 정도의 거리에 살고 있었던 이스트 코스트the East Coast로 다시 옮기기로 결정했다. 우리는 많은 수입을 소비해 버리는 데 질렸고 주말마다 가족 행사로 주를 넘나드는 비행에 많은 시간을 보내왔다. 우리가 이런 결정을 한 뒤 1년도 안 되어 이스트 코스트에 직업을 찾은 것은 행운이었다. 그러나 문제는 내 남편이 얼마 동안 실업상태였고 그래서 우리는 친척과 함께 우리가 이사한 이후 여러 달을 살았다. 결국에는 일이 잘 진행되었으나 변화되는 기간에는 스트레스였다. 되돌아보면 나는 내가 정규직을 위해 주와 주 사이를 옮겨 다닐 것이라고 실제로 생각해 본 적이 없다. 내가 지리의 문제를 고려했더라면 다르게 일을 했을 것이라고 생각하지 않는다. 그러나 그것을 일찍이 철저하게 고민했었더라면 나의 스트레스 수준은 덜했을 것이다.

_ 140쪽

저자는 이 장 끝부분에서 업무 스케줄work schedule에 대
해 언급한다. 왜 박물관의 후보 큐레이터는 이것을 알 필요
가 있는가. 우리의 경우 박물관의 휴관일은 매주 월요일이
대부분이다. 그렇다고 박물관 직원이 출근을 하지 않는 것
은 아니다. 그러나 다 출근하지는 않는다. 왜냐 하면 그것
은 박물관의 휴관과 관련이 있다. 또 하나 박물관이 문을
여는 시간은 보통 오전 9시 혹은 10시이고 문을 닫는 시간
은 오후 6시가 보통이다. 그러나 문을 닫았다고 하여 박물
관의 업무가 종료가 된 것이 아니다. 아마 은행도 문을 닫
았다고 직원의 업무가 종료되지 않은 것과 비슷하나, 은행
과는 달리 박물관은 문을 닫은 이후에도 박물관을 찾는 사
람들이 참여하는 여러 행사와 프로그램이 진행된다. 그래
서 박물관의 직원 채용과 관련하여 면접 때 응시자들에게
묻는 질문 가운데 하나가 다름 아니라 박물관 근무의 특성
과 관련하여 주말 근무, 퇴근 시간 이후 근무, 공휴일 근무
가 가능한가를 묻는다. 또 명절에도 박물관은 문을 열뿐만
아니라 여러 관련 행사를 진행하기에 경우에 따라서는 전
직원이 출근하기도 한다.

저자는 위에서 이야기했던 박물관의 후보 큐레이터가
고려해야 할 문제 가운데 또 하나는 오전 9시에 출근해서
오후 5시(우리는 6시)에 퇴근하는 서구의 박물관에서 월요일
부터 금요일까지의 근무(총 근무 주 40시간) 형태 외에 박물관
의 특성에서 오는 근무 방식이다. 우리의 경우도 마찬가지
겠으나, 박물관을 찾는 사람들 가운데에는 정년하지 않은,

아직도 직장을 다니는 사람들은 월요일부터 금요일 사이에
는 박물관을 찾기가 쉽지 않다. 그렇다면 그들은 언제 박물
관을 찾아갈 수 있는가. 어쩌면 가족들과 직장인들을 위해
서일 지도 모르겠으나, 박물관은 토요일과 일요일에도 개방
을 한다. 그리고 그들을 위한 여러 프로그램을 기획하여 운
영한다. 박물관 전 직원은 아니나, 특히 저자가 앞서 언급
한 인포메이션 데스크 근무자(매표소, 서비스 코너, 카페, 뮤지움
샵 포함), 교육 담당자, 관련 큐레이터, 개발 관련 직원들은
출근을 한다.

우리의 경우는 어떨까. 저자는 언급하고 있지 않으나,
박물관의 시설과 경호를 담당하는 직원도 포함되며 박물관
의 전시실에서 안전 등 안내를 담당하는 자원봉사자, 인포
메이션 데스크 근무자(유료의 특별전시가 있어 매표소 근무자, 카페,
뮤지엄 샵 포함), 교육 프로그램 담당자, 전시실 관리 담당자,
전시해설자(도슨트), 미화원 등은 토요일과 일요일, 명절 기
간에도 근무하는 최소한의 인원이라고 말할 수 있다.

우선 이런 근무형태를 선호하지 않는 사람은 박물관에
취직하는 것을 고려해 볼 필요가 있다. 어쩌면 이것은 각자
의 삶의 방식과도 관련이 있는 것이고 토요일과 일요일에
근무하고 남들이 출근할 때 대체휴무를 하는 방식이기에 이
것이 싫다면 박물관의 취직을 접는 편이 낫다. 아마도 그
내적 갈등이 클 것이기 때문이다. 또 이러한 상황 외에도
박물관 업무가 정해진 시간에 종료가 되었다고 하더라도,
예를 들면 전시 개막이나 교육 프로그램 운영의 진행 등이

종료가 되었다고 하더라도 정리하는 시간이 필요하여 근무 시간외 업무를 하게 된다. 물론 이 시간외 근무에 대해서는 수당이 지급된다.

박물관 규모에 따라서는 소규모 박물관이든 대규모 박물관이든 수행하는 기능과 역할에 있어서는 질적 양적으로 차이가 있으나 기본적인 기능, 예를 들면 전시나 교육프로그램, 회원을 위한 행사 등은 진행이 된다. 소규모 박물관에서는 직원 수가 적기에 1인당 담당하는 업무의 양이 많을 수밖에 없어 1인 다역多役을 하는 경우가 다반사이다. 저자가 언급하고 있듯이 예정된 업무 이상으로 정기적으로 일을 하게 되면 언제든 휴식을 취하여 시간을 보충할 수 있을 것이라고 생각할 수 없기에 "분노와 극도의 피로가 실제적인 위기"(141쪽)로 다가오게 된다.

박물관의 근무 형태의 특성은 박물관 직원에 따라서는 장단점으로 작용한다. 박물관 직원들이 "위기", 즉 더 이상 근무 못하겠다는 생각까지 드는 상황을 긍정적으로 전환시키는 지혜가 필요하다. 그래서 박물관에서 일을 하고 싶은 사람은 이 부분을 반드시 체크할 필요가 있다.

저자는 이 장을 맺으면서 작은 결론을 다음과 같이 피력한다.

이 장에서 기술한 기회들은 언급한 도전에도 불구하고 박물관에서 일을 하는 것을 좋아하는 여러 이유 가운데 하나이다. 기회의 대부분은 적극적인 것이 요구되며 자신의 기술과 본능에 대한 신뢰를 개발하는 것이 요구되지만 그 기회가 단순히 나타나지 않는다. 도전에 관한 한 나는 그것이 실망을 줄 것이라고 생각하지 않는다. 오히려 적극적인 박물관 직원들이 그것들을 충분히 생각하여 가능한 한 빨리 가장 문제거리가 될 수도 있는 도전을 위한 계획을 수립할 수 있도록 나는 기회들을 제시한다. 이것을 작은 움직임 또는 큰 도약으로 할 수 있다. 퇴직이 멀어 보이기에 그것을 미루어 두기보다는 첫 직장을 잡자마자 퇴직 계좌를 시작하는 것을 의미하는 것일 것이다. (중략) 일보 도전은 피할 수 없고 다른 요소들은 알려져 있지 않다. 여전히 이 장에서 언급한 어떠한 환경(상황)이 받아들일 수 있는가를 철저하게 생각하면 경력을 고려한 결정이 보다 용이해지고 직원이 덜 분개를 느끼는 데 도움이 될 것이다.

_ 142쪽

이처럼 박물관에서 일을 하고 싶어 하는 후보 큐레이터가 박물관을 지원할 때 해당 박물관의 근무상 특성과 함께 박물관의 지리적 위치 등도 함께 고려해야 할 것이다.

저자는 이 책이 박물관에서 직업을 얻고자 하는 사람들을 위한 것인데 이 책의 마지막 장 "박물관은 어디로 향하고 있는가?"에서는 앞 장들의 색깔과는 좀 다른 톤으로 새로운 세대의 지도력A New Generation of Leadership, 공정과 다양성Equity and Diversity, 고용복지Employee Well-Being, 지속된 전문화Continued Professionalization, 재정적 현실주의Financial Realism, 공동체 중심Community Focus에 대해 피력하고 있다. 저자는 그 장의 첫머리를 이렇게 시작한다. 박물관이 어떻게 변하고 있고 수십 년 후 박물관은 어떠한 모습일까에 관한 이론들과 예측들이 많다(143쪽)라고 말문을 열고 있다. 그 이론과 예측에서 저자가 이 마지막 장에서 언급하는 각절의 제목이 바로 중요한 키워드가 아닐까 생각한다.

저자는 박물관의 지도력에 큰 전환이 이루어지고 있다

고 말한다. 1946년부터 1964년 사이에 태어난 베이비 붐 세
대Baby Boom generation들이 지난 수 십년 동안 박물관을 이끌
고 왔으나 빠른 속도로 물러나고 있다고 말하면서 베이비
붐 세대들은 몇 개 박물관에 오랫동안 근무를 한 반면에 그
후 세대들은 단기간 머무는 차이를 보이고 있다고 말한다.
그 차이로 인해서 박물관이 그 간 축적해 온 노하우(저자는
이를 기관의 지식institutional knowledge라고 말한다)가 사라지게 된
다. 자, 저자가 이 주제에 대해 구체적으로 어떠한 입장을
피력하고 있는가를 본다.

　　박물관에 입사한 사람들에게 리더쉽이 세대적으로 이동
한다는 것이 의미하는 바가 무엇인가? 첫째로, 베이비 붐 세
대들이 물러나고 보다 많은 직업이 열리게 되고 현존의 세

대들이 그 직위로 올라갈 것이다. 둘째로, 리더십이 덜 "하향식"이 될 것 같고 보다 더 협력적이 될 것 같다. 이것은 X세대와 1981년부터 1996년 사이에 태어난 밀레니언들이 선호하는 것이다. 전반적으로 일반적인 특징에 토대하여 베이비 붐 세대들이 물러나고 리더십을 가지게 되는 세대들이 덜 위계적이고 일과 삶의 균형을 찾으려고 노력하고 전망적이고 보다 즐거운 근무 환경에 더 관심을 가지는 경향이 있다 - 더 행복한 직장을 암시하는 모든 것들이다. 나는 직장에서의 전반적인 역동성에 관한 것을 더 읽을 것을 권장한다. 즉 그것은 매력적인 주제일 뿐만 아니라, 경영방식과 채용 문화에 대해 어느 정도 유용한 관점을 제공한다. 특히 의사소통 방식에서 세대 간 중요한 차이가 있다. 이것을 이해하면 하루의 업무 생활이 더 부드럽게 될 수 있다.

_ 144쪽

저자가 말하는 이러한 전망은 서구의 박물관에서는 가능할지 모르겠으나, 우리의 경우에 비추어 보면 과연 그러할까라는 생각이 든다. 무슨 이야기인가 하면 서구의 박물관에서는 축적된 박물관학이라는 환경 안에서 박물관 경영방식이 업그레이드되고 개선되어 갈 수 있겠으나, 우리의 박물관 안에서는 박물관학 또는 박물관 경영은 개선이나 업그레이드보다는 길드식으로 경영방식이나 직장 문화가 전수되는 경향에 있다고 필자는 생각한다. 서구의 박물관 안에서 리더십이 이동될 것이라고 저자가 말하는 그 전망을 우리에게는 기대하기가 어렵지 않은가 생각한다. 필자는 이런 생각을 한다. 세계의 박물관학 또는 박물관 경영의 조류나 동향이 어떻게 변하고 있는가에 대해 우리의 박물관에서 주의 깊게 살피지 않으면 우리의 박물관 경영은 '우물 안의 개구리'가 될 소지가 없지 않다.

저자는 왜 형평equity과 다양성diversity을 말하고자 하는가. 박물관이 형평과 다양성과 어떠한 관계가 있는가. 저자는 이렇게 말을 시작한다. "박물관 세계는 전혀 다양하지 않다the museum field is far from diverse"(144쪽). 필자가 과문한 탓인지 이 말이 무엇을 의미하는지 바로 이해가 되지 않았다. 계속되는 저자의 말을 듣기 전에 필자는 생각해 보았다. 그렇다. 박물관이 형평과 관련이 있는 것은 당연하다. 박물관을 찾는 사람들이 차별이 아닌 공평하게 여러 프로그램에 참여하고 민족과 인종, 출신과 학력 등으로 배제받지 않는다. 박물관은 누구에게나 공평하고 형평이 있는 태도와 입장을 취한다. 그런데 다양성은 박물관과 무슨 관계가 있을까. 이것도 앞서 말한 형평과 관련이 있는 것으로 생각한다. 무슨 말인가 하면 다양성을 인정해야 공평할 수 있다. 그 다양성을 인정할 수 없다는 것은 어느 특정한 것에 경도되는 것이고 그것은 차별이요 편견이다.

필자가 언제인가 읽어보려고 구입해 놓은 책 가운데 *Diversity, Equity, Accessibility, and Inclusion in Museum*(ed. by Jonnetta Betsch Cloe & Laura L. Lott, AAM, 2019)과 *Museums, Prejudice and the Reframing of Difference*(by Richard Sandell,

Routledge, 2007), *The Inclusive Museum Leader*(ed. by Cinnamon Catlin-Legutko & Chris Taylor, AAM, 2021)가 있다. 필자가 평소 이런 키워드에 관심이 있었던 것을 보면 의식적으로 박물관에서 중요하게 생각해야 할 점이 무엇인가를 그리고 있었는지 모르겠다. 앞의 책 제목에 있는 키워드 다양성, 형평, 접근가능성과 포용, 그리고 뒤 책 제목에 편견, 그리고 차이를 다시 만들기라는 키워드에서 필자는 이렇게 말할 수 있다. 절대왕정의 경이로운 방이 그 절대왕정이 무너진 이후 일반 공개되었다고 해서 누구나 경이로운 방에 있던 소장품을 볼 수 있었던 것이 아니다. 당시에 흙을 묻힌 신발을 실은 사람이 여기가 어디라고 감히 들어오다니, 그럴 수 없다고 말한 사람조차 있었다. 처음 박물관이 일반 공개되었을 때는 차별적이었다. 민주주의 사상이 나타나고 발전하면서 박물관의 경영 마인드에도 차별과 편견이 서서히 없어지게 되었으나, 위의 책에서 여전히 편견이나 차별, 차이 등을 논하고 있는 것을 보면 아직도 그것들이 박물관에 존재하고 있는 것으로 생각할 수 있다.

자, 그러면 저자의 이야기를 들어보자. 저자는 하나의 예를 들면서 이야기를 시작하고 있다. 2015년 멜론재단보고서Mellon Foundation report를 참고하면서 미술박물관장협회 Association of Art Museum Directors의 회원인 박물관 직원의 72퍼센트가 중남미 계열이 아닌 백인이고 28퍼센트가 역사적으로 불충분하게 드러난 마이너리티minority인데, 박물관의 각 업무를 수행하는 직원들의 구성을 구체적으로 보면 84퍼센트가 중남미 계열이 아닌 백인이고 아시아인이 6퍼센트, 흑인이 4퍼센트, 3센트가 중남미 계열의 백인, 3센트가 2~3개의 인종이라는 것(144쪽)이다. 저자는 여기에서는 미술박물관 사례만 들고 있으나, "대체로 그 숫자는 박물관계 전반에 비슷"(144쪽)할 것으로 보고 있다. 저자는 박물관계의 변화 속도가 매우 느린 이유를 두 가지 측면에서 보고 있다.

그 첫째는 지난 수 십 년 동안 박물관 관장직을 베이비부머Baby Boomers가 차지해 왔다는 점, 둘째는 다양성을 키워가기 위해 결코 작지 않은 시도인데 박물관계의 전반적인 구조를 재검토(재구축)할 필요가 있다고 말한다. 저자는 이런 예를 든다. 박물관에서 일을 하는 무보수의 인턴과정이 "다양성의 결여를 영속화시키고 있다"(144쪽)라는 것이고 그 간 지속적으로 이 문제를 개선하기 위해 폭넓은 노력을 해왔다.

저자는 미국박물관협회AAM가 내건 전략적 계획에서 핵심이 되는 DEAI(즉 다양성diversity, 공평equity, 접근access, 포용inclusion)이 미래에 박물관의 생존력viability, 타당성relevance, 지속 가능성sustainability을 위해 중요하다는 점을 강조한다. 그래서 미국박물관협회에서는 박물관계의 불평등 문제를 조사하는 DEAI 활동단working group을 소집했다(145쪽)고 한다. 그래서 최근에 직원 채용 시 지원자를 알 수 있는 정보를 삭제한 블라인드 절차를 밟았다고 한다. 그 결과 박물관계는 여러 업무와 기능에서 더 다양해졌고 박물관의 관람자도 다양하게 되었다(145쪽)고 한다.

저자의 이러한 이야기 속에서 우리는 무엇을 읽을 수 있을까. 서구의 박물관에서는 다양한 인종과 민족이 거주하며 박물관에서 직업을 구하거나 박물관을 방문하며 박물관의 여러 프로그램에 참여한다. 그 과정에서 겪게 되는 차별과 편견이 박물관 안에 존재해 왔다는 것을 알 수 있다.

우리의 경우도 최근에 동남아, 중국 등의 출신 배경을 가진 외국인의 거주가 늘어나면서 저자가 이야기하는 문제로부터 자유로울 수가 없게 되었다. 흔히 이야기되고 있듯이 다문화사회가 진행되면서 차별과 편견의 문제가 사회 전반에 나타나고 있다. 그 사회 안에 존재하는 박물관에서도 이 문제를 어떻게 해결할 것인가를 고민할 때가 왔다. 사회에서 외국인들과 함께 거주하기 위해서는 같은 인간으로서 동등하게 차별 없이 어울려 조화롭게 사는 것이 중요한데, 이를 위해서는 우선 그들을 이해할 필요가 있다.

그렇다면 그들을 어떻게 이해할 것인가. 박물관에서 그들 외국의 문화와 역사에 관한 주제로 기획전시를 개최하거나 교육 프로그램을 운영하는 방법이 있을 수 있고 그들을 초빙하여 박물관에서 연극, 노래, 음식 등 상호 이해를 위한 기회를 기획·실행하는 방안이 있을 수 있다. 이것이 다문화 사회 안에서 박물관이 존재하는 이유가 된다. 박물관으로서는 좋은 기회가 된다. 한국 사회에 거주하며 활동하고 있는 외국인들과 세계의 문화와 역사, 그들의 의식 등을 주제로 커뮤니케이션을 할 수 있는데, 박물관으로서는 그들을 박물관 활동에 참여시킴으로써 세계문화에 대한 정보를 수집하며 더 나아가 거창한 이야기처럼 들릴지 모르겠으나 '인류학박물관'의 출발점으로 삼을 수 있다. 즉 그들이 바로 인류학박물관 개관을 위한 인포먼트가 될 수 있다.

저자는 박물관에서 형평과 평등과 관련하여 성 불균형gender imbalance에 대한 의식을 고양시키기 위해 중요한 일을 하는 것으로 박물관운동에서의 성 형평GEMM(Gender Equity in Museums Movement)의 사이트와 GEMM을 창립한 액커슨Anne Ackerson과 발드윈Joan Baldwin이 발행한 *Women in Museums*을 간략하게 소개하고 있다. 저자는 이 책은 "단지 여성들을 위해서만이 아니라 박물관의 모든 고위자들에게 중요한 자료"(145쪽)라고 말한다. 이것은 저자가 박물관 생활을 하는 동안 처음으로 목격한 "중요한 첫 단계"(145쪽)였다고 한다.

박물관의 지속 가능성은 여러 가지 이유에서 이야기할 수 있을 것이다. 최근 한국에서 국공립박물관에 대한 평가 인증제가 실시되고 있다. 2016년 11월 도입된 국공립 박물관·미술관 등록 의무화 및 등록관 대상 평가인증제에 따라 공립박물관에 대해서는 2017년부터, 국립박물관에 대해서는 2020년부터 인증평가제를 시행하고 있다.

문화체육관광부는 공립박물관에 대한 서면 평가와 현장 조사를 통하여 2017년 12월에 그 최종 결과를 발표하였고, 국립박물관에 대해서는 2020년 하반기에 인증 서면평가와 현장 조사를 실시하여 그 최종 결과를 발표하였다. 평가 결과에 따라 우수한 박물관과 미술관에는 인증서를 발급한다. 인증기간은 2년으로 인증 박물관과 미술관은 해당 사실과 내용을 표시할 수 있다.

이것은 다름 아니라 박물관의 활동과 기능에 대한 종합적인 평가를 통해서 그 지속 가능성을 확인해 주는 것이라고 말할 수 있다. 물론 인증을 받지 못한 박물관에게는 다음 평가에서 인증을 받기 위해 지속적인 모색과 노력을 하게 되고 인증을 받은 박물관이라고 하더라도 그 인증을 유지하기 위한 노력을 경주하게 된다. 필자는 이러한 평가인증제에서 같은 평가의 잣대와 척도로 예산과 규모 등이 각각 다른 박물관에 동일하게 획일적으로 적용하는 것에는 문제가 있다고 생각한다.

박물관 가운데 국·공립박물관 운영예산은 국고로 확보되는 것은 바람직한 방향이라고 말할 수 있다. 국가가 문화유산의 수집과 보존 관리에 대한 책임을 지겠다는 것이고 그것은 곧 국가가 문화유산의 중요성을 깊이 인지하고 있다는 것을 반증하는 것이다. 문제는 예산의 할당에 있어서 문화유산의 수집 예산이 어느 신생 국립박물관의 경우에는 전혀 확보되지 않은 채 박물관이 운영되고 있기도 하다. 박물관 경영의 출발은 박물관의 해당 미션에 부합하는 문화유산의 수집이다. 만약에 문화유산의 수집예산이 확보되어 있지 않은 박물관이 있다면 그것은 박물관의 기능을 수행하지 말라는 이야기와 같다.

문화유산에 대한 수집 예산 다음으로 중요한 것은 박물관을 과학적으로 운영하기 위한 전문 인력의 확보이다. 우리의 경우 공립박물관이 다 그렇다는 것은 아니지만, 박물관에 따라 전문인력(=학예연구사)이 확보되어 있지 않은 박물관이 있다. 그것은 문화유산이 과학적으로 취급되어야 한다는 인식이 결여된 것으로 문화유산의 중요성에 대한 시각에 문제점을 드러낸 것이라고 말할 수 있다. 저자도 이렇게 말한다. 박물관에서 재정 확보는 쉬운 것이 아니어서 "많은 경우 그 결과 박물관이 문을 닫게 되는 결정을 내렸다"(147쪽)라고까지 말한다. 상황에 따라서는 두 박물관 가운데 소규모 박물관이 대규모 박물관에 합병되기도 한다(147쪽)고 한다. 저자는 자신이 지난 5년 동안 3개의 박물관이 기능을 멈춘 것을 목격했다(147쪽)고 한다.

박물관에서 국제행사나 국가행사, 지방의 행사를 함으로써 박물관의 기능과 활동의 지평을 넓혀가는 것이 중요하다고 말할 때는 예를 들어 만찬 행사까지 포함된 것이라고 한다면 만찬은 박물관의 로비 등 전시실이 아닌 공간에서 문화유산에 전혀 악영향을 끼치지 않는 공간에서 진행되어야 할 것이다. 박물관의 강당 등에서 회의를 마친 후 박물관의 전시를 관람하고 전시실 외의 공간에서 만찬이 진행될 수 있도록 박물관도 그 유치에 노력하는 것이 중요하다.

저자는 이런 예까지 들고 있다. 박물관에 투표장을 마련하고 투표 유권자들에게 박물관 주차권을 제공하는 미국의 로스앤젤레스에 있는 캘리포니아대학의 해머박물관Hammer Museum의 사례이다. 저자는 또 몬트리올미술박물관Montreal Museum of Fine Arts에서의 예도 소개하고 있다. 즉 스트레스를 감소시킬 필요가 있는 환자가 박물관에 무료입장을 하면 의사가 그들을 진료 처방하는 행사를 진행한다(148쪽). 이렇게 박물관은 오로지 문화유산에 관련한 기능만 수행하는 것이 아니라, 비영리기관으로서 박물관이 국가와 지역과 어떠한 관계를 유지할 것인가를 고민해야 할 것이다. 이러한 박물관의 활동은 궁극적으로 저자가 표현하고 있듯이 국가나 지역에게는 박물관이 "보다 접촉할 수 있는 것something more tangible"(149쪽)이 되어 박물관을 방문하게 되고 박물관에 자료를 기증하며 친구에게 그 박물관을 추천하게 된다고 저자는 말한다.

박물관에 대한 대외적인 이미지를 어떻게 구축할 것인가를 어느 부서에서 담당할 것인가. 규모가 큰 박물관에는 홍보 및 섭외와 관련한 부서가 있지만 규모가 작은 박물관에서는 박물관 전체에서 대응할 수밖에 없다. 저자는 박물관이 이렇게 노력하는 것이 다름 아니라 "박물관의 지속성sustainability에 영향을 미치는 키key"가 되며, 이 점에서 박물관은 그러한 것들과 관련이 있는 것처럼 보여서는 안 되고, 실제로 그래야 한다(149쪽)고 저자는 힘주어 말한다.

저자는 아래와 같이 아마도 이 책의 결론과 같이 박물관의 미래에 대해 말하고 있다.

앞으로의 박물관의 직업 전선은 보다 다양하고 보다 공평하며 직원들에게 보다 건강하고 스트레스가 덜하고 재정적으로 보다 지속가능하며 지역사회에 보다 관련이 있는 것으로 보이게 될 것이다.

_ 149쪽

 저자는 이 책의 마지막 15장에서 박물관에서 일을 하고
싶어 하는 사람들을 위해 관련 정보를 전문적인 단체, 블로
그, 정기간행물, 서적, 팟케스트podcast, 백서white papers and
reports, 기타 등으로 구분하여 간략하지만 유용한 코너를 소
개하고 있다. 저자는 이러한 정보는 "박물관 전문 인력이
되고자 하는 사람들에게 좋은 출발점"(151쪽)으로 이 소개들
은 박물관의 기능을 더 알고자 하는 경우 유용할 것이라고
말한다. 우리의 경우는 박물관학이라는 학문영역이 체계화
되어 있지 않아 대학에서 그것을 '가르쳐야 하는' 전공이라
고 생각하지 않고 있다. 어떤 의미에서는 이렇게 된 이유에
대해서는 보는 시각에 따라 다양하겠으나, 필자는 양자 간
'무관심과 비非전투적 태도'과 '박물관학의 중요성에 대한
무지'에서 오는 것이 아닌가 생각한다. 전자는 박물관학과

관련한 학회가 조직되어 활동을 하고 있어도 그 존재가 학계 내에서 미약한 것도 문제이지만 더 큰 문제는 학회 차원에서 대학에 박물관학 설치에 대한 '운동'을 하지 않는다는 점에 있다. 즉 박물관학에 대한 인식과 인지가 낮은 한국 사회에서 박물관학을 한 단계 끌어 올리려고 한다면 그 필요성을 어필하고 설득시키는 운동을 전개할 필요가 있다.

한편 대학 행정과 교육을 담당하고 있는 교육과학기술부가 박물관학의 중요성에 대해 깊이 인지할 필요가 있다. 문화유산cultural heritage에 대한 수집·보존과 함께 전시, 교육 등의 역할을 과학적으로 수행할 박물관을 바라보는 관점이나 시각은 동일할 수는 없으나, 그것이 중요하다는 점만은 결코 부정할 수 없는 것이다. 차이가 있다면 그에 대한 인식의 깊이가 존재할 뿐이다. 그 인식의 깊이에 있어서 차이는 우선 각 국가에서 역사를 바라보는 관점과 인식의 차이에서 온다. 그러나 인류역사에 대한 인식을 깊이 해야 할 필요성이 있다는 점을 부인할 사람은 지성인이라면 아마 없을 것이다. 깊은 역사인식이 없이는 인류역사가 어느 방향으로 가야 하는지를 판단 또는 예상할 수 없다.

우리의 박물관학 분야에서는 심지어 세계의 박물관학 연구 동향이나 저자가 언급하고 있는 전문 단체, 블로그, 정기 간행물, 관련 사이트, 세계의 박물관협회 등에 대한 목록 정리조차 되어 있지 않은 실정이고, 박물관학사전이나 그 용어사전, 박물관학인물사전의 발간 등은 먼 미래의 일이 될 지도 모른다.

저자는 국가별 박물관 전문 협회 가운데 대표적인 것을 아래와 같이 정리하면서 이 책을 마치고 있다.

- 미국박물관협회AAM(American Alliance of Museums, aam-us. org)
- 어린이박물관협회ACM(Association of Children's Museums, childrenmuseum.org)
- 동물원 및 수족관협회AZA(Association of Zoos and Aquariums, www.aza.org)
- 학술적 박물관 및 갤러리협회AAMG(Association of Academic Museums and Galleries, aamg-us.org)
- 역사적이고 예술적인 작품에 대한 미국 보존기구AIC (American Institute for Conservation of Historic and Artistic Works,

conservation-us.org)

- 과학과 기술 센터협회ASTC(Association of Science and Technology Centers, astc.org)

- 미국 국가와 지방역사협회AASLH(American Association of State and Local History, aaslh.org)

- 박물관컴퓨터 네트워크MCN(Museum Computer Networks, mcn.edu) : 박물관의 디지털 변형의 발전을 미션으로 하는 조직

- 박물관교육전문가 토론회MER(Museum Educators' Roundtable, museumedu.org) : 여기에서는 『박물관교육지 Journal of Museum Education』를 발간한다.

- 미래박물관MuseumNext(museumnext.com) : 런던에 토대를 두고 있는 조직으로 박물관의 미래에 관한 국제회의를 개최한다.

- 뮤즈웹MuseWeb(museweb.net) : 이는 박물관기술 분야 전문가 조직이다

- 국가 해석협회NAI(National Association of Interpretation) : 이는 문화유산의 해석에 관한 전문성을 발전시키는 데 목적을 두고 있다.

- 국가신흥박물관전문가네트워크National Emerging Museum Professional Network(nationalempnetwork.org/)

1.

　이 책의 저자는 박물관에서 일을 하고 싶어 하는 예비 학예직들에게 참조가 될 만한 것을 조목조목 거론했다. 저자 타라 영Tara Young은 서구의 박물관의 조직상 여러 직종이 있는데, 이를 선택할 때 고려해야 할 점을 짚었다. 그런데 한 가지 서구의 각국에서 이른 바 박물관 학예직 후보군을 어떻게 제도적으로 육성하고 있는지에 대해서는 함구하고 있다. 실제로 이 문제도 중요하다면 중요한 것인데, 그것은 이 책의 초점에서 약간 벗어난 것이라고 생각한 것 같다. 왜냐 하면 이 책에서는 박물관 직원의 여러 기능·역할과 함께 그 기능을 수행하는 데 요구되는 능력과 적합도, 명심할 점 등을 소개하는 것을 목적으로 설정하였기 때문에 그 필요성을 상대적으로 느끼지 않은 것 같다. 앞으로 한국에서 박물관 전문인력 육성 정책에 관한 연구가 필요하지만 그 논의는 실제로 기대하기는 힘들다. 주지하다시피 우리의 대학에는 박물관학과가 없을뿐더러 관련 학회도 있으나 활동이 활발하지 않고 사회 전반적으로 '박물관학'이라는 용어를 사용하고는 있으나 실제는 홀대를 받고 있기 때문이다. 당연히 연구자의 층이 낮아 그러한 박물관학적 연구를 전망하기 어렵다.

서구에서 오늘날 많은 주제로 연구되고 있는 박물관학은 우리와는 거리가 먼 것이 되어 버린 느낌이다. 스스로 서구의 박물관학의 연구 경향과는 다른 길을 가고 있는 우리의 모습에서 스스로 '국제적인 박물관학의 소통'을 거부하고 '한국적 박물관학'을 고집하고 있다는 생각마저 든다.

국제적인 학술소통을 '학술의 제국주의'가 침투하는 것으로 보아 국제화 속에 민족의식을 지나치게 보여주는 '현대판 쇄국'과 같은 느낌이다. 대학교육에서 변화되는 환경에 적극 대응하기 위한 새로운 학과 설치 등 변화는 쉽지 않을 것 같다.

필자는 저자와 대화를 마치면서 앞으로 혹여 우리 사회에서 반성과 자각이 일어나 현행 박물관의 전문인력 육성 방향을 재검토하는 기회가 있을지도 몰라서 아시아 국가(한국, 중국, 일본)의 박물관 전문인력 육성현황을 아주 간략하게 보고자 한다. 이것은 다름 아니라 저자는 이에 입을 다물고 있으나 박물관에서 일을 하고 싶어 하는 학예 후보군이 대학에서 어떤 과목을 이수해야 하는가, 어떤 과목을 선택하여 시험에 대비해야 하는가, 시험 합격 후 어떠한 트랙을 밟아야 하는가가 궁금할 때 참조가 될 것이기 때문이다. 실제로 그 동안 한국, 중국, 일본의 박물관 전문인력 육성에 관한 국내의 연구는 매우 미흡하다. 필자는 중국어가 서툴러 국내의 관련 연구 성과만을 참조하였다.

2.

1942년에 중국의 국립사회교육학원國立社會教育學院에 박물관학 과정을 설치한 것은 아마도 아시아에서는 대학에 박물관학 과정 설치의 최초 예가 아닌가 생각한다. 이것에 이어서 제2차 세계대전 종전 이후 1948년에는 북경대학의 역사과에 박물관학 전수과專修科가 설치되었다. 일본에서 1950년에「문화재보호법」, 1951년에「박물관법」이 각각 제정된 그 다음 해 1952년에는 이를 고고학 전공으로 전환하여 박물관학 개론과정이 개설되었다.

중국에서 박물관학의 중요성에 대한 인식이 심화되어 1960년대에도 대학에 박물관학과가 개설되었다. 1960년대 초에는 문화부文化部 문화학원文化學院에 문물·박물관과文物·博物館科가, 남개대학南開大學의 역사과와 중앙미술학원中央美術學院의 미술사과美術史科 등에도 각각 박물관학 과정을 설치하였다.

이렇게 중국에서는 대학의 박물관학과를 통해서 박물관 전문 인력이 양성되었다. 이것이 보다 확산된 것은 1970년대이다. 1978년 이후 박물관학 교육은 고등 교육과 중등 직업 교육 및 단기 직업훈련 등을 통해 더욱 확산되었다. 연구(오일환, 1998)에 의하면 1998년 현재, 중국에서 박물관학 과정이 설치 운영되고 있는 대학은 아래와 같다.

· 북경대학北京大學 고고과
· 길림대학吉林大學 고고과
· 남개南開대학 역사과
· 중국사회과학원中國社會科學院 연구생원研究生院 고고전공
· 서북대학西北大學 문박학원 고고전공
· 무한대학武漢大學 역사과 고고전공

· 산동대학山東大學 역사과 고고전공

· 남경대학南京大學 역사과 고고전공

· 복단 상해대학復旦 上海大學

· 항주대학杭州大學

· 하남대학河南大學

· 중산대학中山大學

· 사천대학四川大學

· 정주대학鄭州大學

· 하문대학廈門大學

· 산서대학山西大學

· 중국미술학원中央美術學院 미술사계美術史系

· 중앙민족대학中央民族大學

    중국의 대학 내 박물관학 전공의 주요과목을 보면 박물
관학 개론, 박물관 사회교육학, 고기물학古器物學, 회화사, 고
문자학, 고대건축, 불교예술, 민족학 개론, 방지학方志學(지방
학), 고고학, 물질문화사, 제도制圖와 촬영, 세계박물관 개황,
박물관 진열, 박물관 보관, 현대과학기술과 문물보호감정,
문물보호법 등이다. 대체로 역사과, 고고학과, 미술사학 내
에 박물관학 과정을 두고 있기에 역사학, 고고학, 미술사를
어떻게 박물관학적으로 접근할 것인가에 초점을 두고 있다.

3.

　일본은 호류지의 화재사건을 계기로 1950년에 「문화재보호법」이 제정된 데에 이어서 1951년에 「박물관법」이 제정되었다. 일본에서는 4년제 대학을 졸업한 자가 대학에서 박물관에 관한 과목의 단위를 수득한 사람, 2년제 대학을 졸업한 자는 대학에서 박물관에 관한 과목의 단위를 포함하여 62단위 이상을 수득하고 3년 이상 학예원보의 직에 있었던 자에게 학예원의 자격을 주었다. 이렇게 일본에서 학예원學藝員이 되기 위해서는 대학에서 가르치는 박물관에 관한 과목을 이수해야 한다.

　또 학예원보가 될 수 있는 자격은 학교교육법에 의거, 대학에 입학할 수 있는 자로 규정하였다. 즉 대학합격자는 학예원보의 자격을 가진다. 2022년도 일본의 국ㆍ공ㆍ사립 300개 대학교에서 학예원 양성과정을 설치하여 「박물관에 관한 과목」을 개설하고 있다. 이 점은 우리와는 크게 다른 박물관 전문인력 양성 시스템이다. 구체적으로 「박물관에 관한 과목」의 이수단위의 수가 환경 변화에 따라서 늘고 있는 추세이다. 그 추세에서 특징적인 점은 박물관학의 범주가 늘고 있다는 데에 있다. 즉 기존의 생애학습개론(1단위→2단위), 박물관개론(2단위), 박물관경영론(1단위→2단위), 박물관자료론(2단위), 박물관정보론, 시청각교육미디오론, 박물관실습(3단위)에다가 박물관정보론과 시청각교육미디어론을 합쳐 박물관정보ㆍ미디어론(2단위), 교육학개론을 박물관교육론(2

단위)으로 조정하고, 박물관자료보존론(2단위)과 박물관전시론 (2단위)을 추가하여 총 9과목에 단위를 늘려 19단위로 하였다. 여기에 또 선택필수과목이 있는데 문화사, 미술사, 고고학, 민속학, 자연과학사, 물리, 화학, 생물학, 지학 등에서 2과목(4단위)을 이수하게 되어 있어 총 23단위를 이수한다.

대학에서의 전공에 따라서는 인문학 전공자의 경우는 문화사, 미술사, 고고학, 민속학 가운데 두 과목을 선택할 것이고 자연과학 전공자는 자연과학사, 물리, 화학, 생물학, 지학 가운데 두 과목을 선택할 가능성이 있다. 이렇게 보면 박물관의 미션이 무엇이든지간에 문자 그대로 '선택'과목이다. 선택과목에는 변화가 없다. 기존에는 박물관자료보존이나 박물관전시를 박물관자료론과 박물관개론에서 각각 다루었을 것으로 생각된다. 이것을 보다 세분화하여 박물관학의 영역을 심화하고 있음을 알 수 있다.

4.

우리의 경우는 어떠한가. 일본의 경우와 가장 큰 차이점은 우리의 경우는 대학에서 박물관 전문 인력을 육성하는 교과과정이 설치되어 있지 않다. 학부로서는 유일하게 동덕여대에 큐레이터학과가 설치되어 있을 뿐이고 교육대학원(서울교대, 인천교대, 경희대)에 박물관교육, 일반대학원으로 한양대 대학원에 박물관교육, 특수대학원(중앙대, 국민대)에 박물관학 과정이 설치 운영되고 있는 상황이다. 특수대학원의 기존 박물관학 전공에 지원생이 줄어 폐과가 되고 있다.

1984년에 「박물관법」을 제정한 후 박물관을 보다 진흥하자는 취지에서 미술관도 박물관임에도 불구하고 이를 이원화하여 「박물관진흥법」이 아니라 「박물관 및 미술관진흥법」(1991년)으로 바꾸어 제정한 후 박물관 등록과 운영의 조건이 완화되었다.

학예사의 경우는 어떠한가. 학예사는 현행법 「박물관 및 미술관진흥법」상으로 1급 정학예사, 2급 정학예사, 3급 정학예사, 준학예사로 구분된다.

· 1급 정학예사는 2급 정학예사 자격을 취득한 후 다음 각 호의 기관(이하 "경력인정대상기관"이라 한다)에서의 재직경력이 7년 이상인 자

· 2급 정학예사는 3급 정학예사 자격을 취득한 후 경력인정대상기관에서의 재직경력이 5년 이상인 자

· 3급 정학예사는 1)박사학위 취득자로서 경력인정대상기관에서의 실무경력이 1년 이상인 자, 2)석사학위 취득자로서 경력인정대상기관에서의 실무경력이 2년 이상인 자, 3)준학예사 자격을 취득한 후 경력인정대상기관에서의 재직경력이 4년 이상인 자

· 준학예사는 1)「고등교육법」에 따라 학사학위 이상을 취득(법령에 따라 이와 같은 수준 이상으로 인정되는 학력을 취득한 경우를 포함한다)하고 준학예사 시험에 합격한 사람

으로서 경력인정대상기관에서의 실무경력이 1년 이상
인 사람, 2)「고등교육법」에 따라 3년제 전문학사학위
를 취득(법령에 따라 이와 같은 수준으로 인정되는 학력을 취득
한 경우를 포함한다)하고 준학예사 시험에 합격한 사람으
로서 경력인정대상기관에서의 실무경력이 2년 이상인
사람, 3)「고등교육법」에 따라 2년제 전문학사학위를
취득(법령에 따라 이와 같은 수준으로 인정되는 학력을 취득한 경
우를 포함한다)하고 준학예사 시험에 합격한 사람으로서
경력인정대상기관에서의 실무경력이 3년 이상인 사
람, 4)제1호부터 제3호까지의 규정에 따른 학사 또는
전문학사학위를 취득하지 아니하고 준학예사 시험에
합격한 사람으로서 경력인정대상기관에서의 실무경력
이 5년 이상인 사람으로 정해 놓고 있다.

　　박물관의 학예직을 얻는 여러 방법 가운데 자격시험에
합격하여야 '예비'준학예사가 된다. 이하 현행 준학예사 자
격시험제도의 비현실성을 지적하여 향후 이에 대한 개선을
검토할 때 참고가 되었으면 한다.
　　첫째, 「박물관 및 미술관진흥법」상의 규정과 충돌하는
부분이 있다. 한국산업인력공단이 실시하는 준학예사 자격
시험에는 연령이나 자격에 제한이 없고, 자격시험 합격 후
경력인정기관에서 1년의 경력만 쌓으면 준학예사가 된다.
경력기관에서 최소한 1년 동안 경력을 쌓는 것 자체는 엄밀
한 의미에서 경력인정기관의 박물관에서 '학예사 무자격자'

를 근무하도록 한 것이다. 이는「박물관 및 미술관진흥법」상의 규정과 충돌하므로 준학예사 자격시험 합격자를 위하여 경력인정기관의 박물관이 아니라 한국박물관협회와 같은 기관에서 박물관학의 이론과 실제의 1년 과정을 운영하는 방안을 검토할 필요가 있다.

둘째, 시험과목의 설계가 비형평성과 비현실성을 드러내고 있다.

시험과목에는 공통과목과 선택과목이 있는데 공통과목에는 박물관학 외에 9개 언어(영어, 프랑스어, 독일어, 일본어, 중국어, 한문, 스페인어, 러시아어, 이탈리아어) 중 하나를 선택한다. 공통과목은 각각 40문항이고 각 문항은 4지택일의 객관식이다. 여기에서 9개 언어를 선정해 놓은 이유가 이해되지 않는다. 예를 들면 스페인어, 러시아어, 이탈리아어를 학습하는 것이 박물관의 준학예사 자질과 어떠한 관련성이 있는지 모르겠다. 우리의 박물관의 소장 자료 가운데에는 물론 스페인어나 러시아어나 이탈리아어로 된 것이 있을 수 있다. 그러나 있다고 하더라도 아주 소량일 것이다.

공통과목 외에 고고학, 미술사학, 예술학, 민속학, 서지학, 한국사, 인류학, 자연사, 과학사, 문화사, 보존과학, 전시기획론, 문학사에서 2과목을 선택한다. 그런데 이 선택과목은 공통과목의 객관식과는 다르게 논술형이고 각 과목당 2문항으로 총 4문항이 출제된다. 여기에서 전시기획론이 과목의 속성을 가지고 있는지 또 박물관학 가운데 전시기획론에 대해서만 왜 논술형의 시험 출제방식인지는 선뜻 이해가 되지 않는다. 앞서 공통과목 중 박물관학도 그렇고 전시기획론도 국내의 대학 안에 박물관학과도 설치되어 있지 않은 상황에서 관련 교재가 있지도 않은데, 준학예사 시험 준비하는 사람들에게는 서구의 박물관학이나 전시기획론에 관한 책을 구해 보라는 말인가. 또 인문사회과학과 자연과학으로 분류한다면 인문사회과학 전공자가 선택의 폭이 넓다. 자연과학 중 화학, 생물, 물리, 건축 등의 전공자는 과학사, 보존과학, 자연사 가운데 선택을 하게 되어 선택의 폭이 좁다. 인문사회과학 전공자들에게 유리하게 되어 있는 시험과목의 구성이다. 향후 시험과목의 전반적인 조정이 필요하다.

5.

이상 한중일의 박물관 전문인력 육성의 상황을 일별해 보았다. 각국에서 박물관 운영의 핵심인력인 학예 전문 인력의 육성과 훈련에 대해 지금도 고민을 하고 있다. 특히 일본에서는 최근 학예원의 "상급上級자격제도"가 논의 중에 있다. 이것은 박물관을 단순히 사회교육시설로서만이 아니라 학술의 기능을 강화시키려는 움직임과 연동되어 있다. 또 등록박물관제도를 인증박물관제도로 바꾸고 학예원도 1종 학예원과 2종 학예원으로 구분하고 박물관도 1급 인증박물관과 2급 인증박물관으로 하는 안이 제출되고 있다. 이런 논의와 함께 각국에서는 여전히 공통적으로 수급의 문제가 부상되고 있을 것이다. 즉 박물관의 증가비율과 박물관 전문 인력의 배출공급의 비율의 불균형을 어떻게 해소할 것인가. 이를 위해서는 보다 질 높은 박물관의 전문 인력의 양성을 목표로 수급에 맞추어 그 인력을 양성하는 방안을 세워야 할 것이다.

박물관의 과학적 경영이라는 측면에서 박물관의 발전 가능성이 큰 국가의 순위에서 한국은 하위로 밀릴 소지가 클 것이다. 그 이유는 한 가지이다. 박물관의 전문 인력의 육성이 '전문적이지 않다'는 점에 있다. 중국이든 일본이든 공통적인 점은 박물관의 전문 인력을 대학 내에서 육성하고 있다. 이를 본떠서 반드시 대학 내에서 박물관 전문인력을 양성할 필요는 없다. 대학 밖의 전문기관이 있다면 거기에서 전문적인 육성프로그램에 토대하여 배출하면 된다. 일본처럼 박물관학의 이론과 함께 실제연습도 중요하기에 국공립박물관과 업무협약을 통하여 상호 유기적으로 협력하는 시스템을 구축할 필요가 있다.

대학 내에서 박물관학 과정을 설치하여 박물관 전문 인력을 육성해야 하는 이유는 여러 미션을 가진 박물관(예를 들면 고고학, 역사학, 미술사, 자연사, 인류학 등등)을 과학적으로 경영할 수 있는 토대가 다름 아니라 박물관학이기 때문이다. 다시 말하면 박물관의 하부구조에는 박물관학이, 상부구조에는 여러 미션에 기반을 한 박물관의 전시나 교육이나 자료수집과 보존 등의 역할이 있다. 이를 표로 나타내면 아래와 같다.

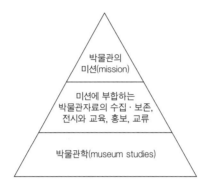

대학에서 박물관학 교과과정을 통해서 박물관학 이론과
실제를 구비한 박물관 전문 인력이 여러 미션에 토대를 한
박물관의 자료 수집과 보존, 전시와 교육, 홍보와 교류 등
의 박물관사업을 '박물관학'에 기반을 하여 추진함으로써
궁극적으로 박물관의 과학적 경영이 가능하다. 이를 위해
대학의 여러 학과를 전공하면서 박물관학의 교과과정을 이
수한 박물관 전문 인력의 자질을 갖춘 학예직이 배출·공급
되어야 하는 이유가 있다.

참고
문헌

Gail Dexter Lord & Barry Lord, *The Manual of Museum Management*(sec. edition), Altamira Press, 2009

Steven Miller, *How to get a Museum Job*, Rowman & Littlefield, 2019

손영옥, 『미술시장의 탄생』, 푸른역사, 2020

강대일, 『보존과학, 기억과 가치를 복원하다』, 덕주, 2022

최석영, 『한국박물관 역사 100년』, 민속원, 2008

이보아 · 조예술 옮김, 『프랑스 박물관 정책과 관람객』, 북 코리아, 2020

오일환, 「중국 대학의 박물관 전문인력 양성과정에 대하여 : 대학의 고고 · 박물관학 교과과정을 중심으로」, 한국박물관학회 『박물관보』 제1호, 1998.

_____, 「중국의 박물관과 박물관학」, 한국박물관학회 편, 『인류에게 박물관이 왜 필요했을까』, 민속원, 2013.

德澤啓一, 「日本における学芸員のキャリア形成の現状と課題」, 山形眞理子 · 德澤啓一 편, 『アジアの博物館と人才教育』, 雄山閣, 2022.

박물관학 문고   012

박물관에서
일하고 싶어요?

초판 1쇄 발행 2023년 4월 14일

지은이 최석영
펴낸이 홍종화

편집·디자인 오경희 · 조정화 · 오성현 · 신나래
　　　　　　박선주 · 이효진 · 정성희
관리 박정대

펴낸곳 민속원
창업 홍기원
출판등록 제1990-000045호
주소 서울시 마포구 토정로 25길 41(대흥동 337-25)
전화 02) 804-3320, 805-3320, 806-3320(代)
팩스 02) 802-3346
이메일 minsok1@chollian.net, minsokwon@naver.com
홈페이지 www.minsokwon.com

ISBN 978-89-285-1837-1
S E T 978-89-285-0300-1 94900